A través de los Ojos del Alma,

Día de Muertos en México

~Oaxaca~

Through the Eyes of the Soul,

Day of the Dead in Mexico

~Oaxaca~

Dedicatoria

Para mi familia y amigos que a través de los años me han apoyado incondicionalmente en este proyecto y con quienes he recorrido los caminos de Oaxaca, viviendo inolvidables experiencias durante la recordación de Día de Muertos.

Mi agradecimiento a los oaxaqueños que generosamente abrieron las puertas de sus hogares y de sus corazones, para compartir sus creencias y permitirme convivir con ellos la celebración de la vida a través de la muerte.

A Través de los Ojos del Alma, Día de Muertos en México, Mary J. Andrade
© 1996

http://www.dayofthedead.com

Publicado por *La Oferta Review Newspaper, Inc.*
1376 North Fourth Street
San José, California 95112
Tel. (408) 436-7850; Fax (408) 436-7861
http://www.laoferta.com
E-mail: laoferta@bayarea.net

Mapas: Oficina de Turismo de Oaxaca, México

Diseño y Producción: Laser.Com, San Francisco
(415) 252-3341

Impresión: Pacific Rim International Printing
Los Ángeles, California

Primera Edición 1999
Biblioteca del Congreso, Tarjeta de Catálogo: 99-93161
ISBN #0-9665876-1-8

Dedication

To my family and friends who through the years have supported me in this journey and with whom I have gone many places in Oaxaca sharing unforgettable experiences during the celebration of Day of the Dead.

My gratitude to the Oaxacan people who generously opened their homes and hearts to share their beliefs and letting me be part of their celebration of life through death.

Through the Eyes of the Soul, Day of the Dead in Mexico, Mary J. Andrade
© 1996

http://www.dayofthedead.com

Published by *La Oferta Review Newspaper, Inc.*
1376 North Fourth Street
San Jose, California 95112
Tel. (408) 436-7850; Fax (408) 436-7861
http://www.laoferta.com
E-mail: laoferta@bayarea.net

Maps: Office of Tourism, Oaxaca, Mexico

Design and Production: Laser.Com, San Francisco
(415) 252-3341

Printed by: Pacific Rim International Printing
Los Angeles, California

First Edition 1999
Library of Congress Catalog Card Number: 99-93161
ISBN #0-9665876-1-8

Índice

Index

FOUNTAIN OF THE SEVEN REGIONS OR ODE TO OAXACA

Dance, Dance on water, Woman!
Petrify the foam of your valleys,
caress the earth with your naked feet
and let Cozijo[1] rain over your clemency.
Show the grace of the embroidery, sew
the torn clouds of indifference
and once again caress the earth with your touch.
Let the valleys share in your deeds
created by your hands of a goddess and
  hands of war.
You are the sensation where
the milk of Love suckled by history is mixed.
You are the corn bread for children,
you are that *mezcal*[2] for your men
or the milk *atole*[3] to sleep.
Your experience is a mirror of water
and your dance is an awakening *agave*[4].
Woman! Woman — a palm tree flower,
weeping woman in the blood in which
the poetic rhythm of song is born:
Zapoteca culture, display of Love,
charming wanderer who gathers
light for the hearth, peace for the time of prayer
or flour to make a *tamal* in silence.
2
Woman! Woman, dancing on water
mirrors sing your likeness. Lights announce
  your steps.
Oaxaca lives in you because you are her soul.
The Valleys dance, they dance and they encircle
  your shadow.
Seven Regions dance and each one calls out
  your name.
Dance! Dance on water Woman!
until the skies praise (applaud) your beauty.

Julie Sopetran
(Spanish poet)

FUENTE DE LAS SIETE REGIONES O CANTO A OAXACA

¡Baila, baila en el agua, Mujer!
Petrifica la espuma de tus valles,
roza la tierra con tus pies descalzos
y que llueva Cozijo tu clemencia.
Muestra la gracia del bordado, cose,
las nubes rotas de la indiferencia
y haz que vuelva a la tierra tu caricia.
Que compartan los valles lo que haces
con tus manos de diosa y de guerrera.
Eres guardiana de las aguas claras,
eres la sensación donde se mezcla
la leche del Amor que amamanta la historia.
Eres pan de maíz para los niños,
eres ese mezcal para tus hombres
o el atole de leche para el sueño.
Es un espejo de agua tu vivencia
y tu danza es agave que despierta.
¡Mujer! Mujer cual flor de la palmera,
llorona entre la sangre donde nace
el ritmo trovador de las canciones:
cultura zapoteca, demostración de Amor,
sandunga callejera que recoge
la luz para la casa, la paz para la hora de los rezos
o la harina para hacer el tamal en el silencio.
2
¡Mujer! Mujer bailando sobre el agua
espejos cantan tu imagen. Luces suenan tus pasos.
Oaxaca vive en ti porque tú eres su alma.
Danzan, danzan los valles y circundan tu sombra.
Siete Regiones danzan y las siete te nombran.
¡Baila! Baila en el agua ¡Mujer!
hasta que aplauda el cielo tu belleza.

Julie Sopetrán
(Poetisa española)

---

1 *King of the Zapotecas in the 14th Century.*
2 *Drink made out of fermented milk from the agave plant*
3 *Sweet, hot drink made with milk, cornstarch and cinnamon
   for flavoring.*
4 *Cactus-like plant of Mexico*

Introduction

Las costumbres enigmáticas de la raza zapoteca, de los Valles Centrales y del Istmo de Tehuantepec en el estado de Oaxaca, donde aún se perciben rasgos profundos de la cultura prehispánica, que se han venido transfiriendo de generación en generación, siempre han llamado la atención de propios y extraños, quienes buscan llegar, con respeto y admiración, a lo recóndito de sus orígenes tan llenos de misticismo.

La celebración del día de "Todos los Santos", "Todos Santos" o "Día de Muertos" no podía ser la excepción, porque en esta costumbre se encierra el misterio de la vida y la muerte, pues no se trata de una simple ofrenda que nace de un nostálgico recuerdo hacia el ser querido que se ha ido al más allá antes que nosotros. No, en esta celebración se recuerdan ceremonias ritualistas milenarias que confirman la teoría de la inmortalidad del alma.

Mary J. Andrade, profesional del periodismo, atraída por la forma en que se llevan a cabo estas celebraciones, en las que se mezclan el dolor y la alegría, viajó desde San José, California, hasta las abruptas tierras del sur de México, "donde los picos de las montañas, uno detrás de otro, cubiertos de una vegetación verde oscuro crean líneas ondulantes", para visitar distintas regiones del estado de Oaxaca, en cuyo recorrido pudo apreciar que "en el fondo de las montañas se deslizan riachuelos que, iluminados por el sol, parecen a la distancia vetas de plata".

Visitó primero los Valles Centrales, donde destaca la ciudad de Oaxaca, incomparable lugar que, con su traza arquitectónica, es toda en sí un verdadero monumento colonial. Después se desplazó hacia las poblaciones rurales, de gran tradición histórica y cultural, como Teotitlán del Valle, Ocotlán, Zimatlán, Etla, Matatlán, Tlacolula y Zaachila, casi centros ceremoniales donde "los nuevos

The enigmatic customs of the Zapoteca culture from the Central Valleys and the Isthmus of Tehuantepec in the state of Oaxaca have always attracted the attention of nationals and foreigners alike with respect and admiration to their hidden origins, which are so full of mysticism. In the state of Oaxaca there are still remnants of pre-Hispanic cultures which has been passed on from generation to generation.

The celebration of "All Saints Day" or "Day of the Dead" cannot be the exception, since the mystery of life and death is locked in this special tradition and does not deal simply with a nostalgic memory (remembrance) to a loved one who has departed to the beyond before us. No, in this celebration ancient ritualistic ceremonies are remembered (honored) that confirm the theory of the soul's immortality.

Mary J. Andrade, journalist, attracted to the manner in which these celebrations take place where sorrow and happiness are mixed, traveled from San Jose, California to the rugged lands of southern Mexico, "where the mountain peaks, one after the other, covered with a dark green vegetation create wave-like lines." She visited distant regions of the state of Oaxaca, where she witnessed "in the distance small streams traveling through the mountains were lit by the sun and appear as silver streaks."

She first visited the Central Valleys where the state of Oaxaca is a main highlight, a unique place unlike any other its arquitechtonic dress in its own right is a real colonial monument. She continued on to the rural towns, of grand traditional history and culture, which included Teotitlan del Valle, Ocotlan, Zimatlan, Etla, Matatlan, Tlacolula and Zaachila; all recognized as ceremonial centers where "the new gods have yet to displace ancient ones."

dioses no han desplazado por completo a los dioses antiguos".

Impresionada por todo lo visto y vivido en Valles Centrales, no resistió los deseos de viajar a esa tierra tan llena de historia y leyenda, cuyo folclor es incomparable y bello, donde todas las etapas de la vida se viven con música desde el nacimiento hasta la muerte: el Istmo de Tehuantepec.

Viajando por el "camino real", el mismo que recorrió Cosijoeza a fines del siglo XV para consolidar la cinco veces centenaria cultura zapoteca del Istmo, llegó a la ciudad de Tehuantepec el 29 de octubre de 1997. En esta ciudad entró en contacto inmediatamente con las personas que podrían asesorarla para la realización de su trabajo de investigación. Igualmente visitó las ciudades de Juchitán y Salina Cruz, cercanas a Tehuantepec.

En estos tres lugares estuvo en domicilios particulares donde se preparaban para la celebración del XANDU YA' o "Todos Santos Nuevo", pudiendo apreciar el montaje de altares, la preparación de alimentos, los rezos de los dolientes, las notas de los cantores, los arpegios de los trovadores y la hospitalidad de los anfitriones.

Visitó también los panteones, los mercados de flores, de frutas, de panes de "muerto" y de figuritas multicolores hechas de azúcar.

Lo asombroso de Mary J. Andrade es la habilidad periodística que en cuatro días de incansable labor demostró, grabando en la mente y en la lente mágica todo lo que se decía y ocurría a su alrededor, convirtiéndolos en hechos perdurables al plasmarlos en las páginas de esta obra.

Es indiscutible que esta ancestral tradición proviene de nuestras costumbres prehispánicas, "cuyos rasgos profundos" no escaparon a la agudeza periodística de la autora de este libro, cuando nos habla de la diligencia y el amor con que se preparan las ofrendas para las almas que están por llegar; cuando describe la pose cabizbaja y meditabunda tan llena de respeto y solemnidad de los dolientes que, velando, esperan la llegada de las almas. Es en estos momentos cuando ella visualiza el misticismo de esa cultura milenaria que Fray Francisco de Burgoa, cronista dominico (1600-1681) registra en las páginas de su obra *Geográfica Descripción* (1674), al referir lo que ocurrió en Tehuantepec a fines del siglo XVI,

Impressed by all that she witnessed and experienced in the Central Valleys, she couldn't resist the temptation to travel to such a land so full of history and legend, whose folklore is full of beauty and is unlike any other. In these lands the different stages of life are lived with music from birth until death: the Isthmus of Tehuantepec.

Traveling on the "royal road," the same one traveled by Cosijoeza in the latter part of the XV century to consolidate the five-time centennial Zapoteca culture, she arrived at the city of Tehuantepec on October 29, 1997. In this city she networked with key individuals who would later enable her to complete the task ahead- to be allowed to enter into their lives. Likewise she visited the cities of Juchitan and Salina Cruz, near Tehuantepec.

In these three places she stayed in private homes with families who were amidst making preparations for the celebration of *XANDU YA'* or "All New Saints Day"; this enabled her to absorb such things as the setting of the altars, the preparation of dishes, the prayers of the mourners, the musical notes of the choir, the arpeggio of the wandering musicians, and the hospitality of her hosts.

She also visited the cemeteries, the markets where flowers, fruits, "pan de muerto", and multicolored candy figurines were sold.

Mary J. Andrade has an amazing ability as a journalist -such, that in four days of untiring work she has demonstrated, preserving in the mind and through her magical lens, all that was said and all that took place around her, transforming them into immortal events by shaping and molding them in pages of this work.

Unquestionably this ancestral tradition comes from our pre-Hispanic customs, "whose profound features" didn't escape the keen journalistic sense of this book's author; when she relates to us. For example, the diligent and loving manner with which the offerings to the souls who are about to arrive are prepared; when she describes the crestfallen and pensive state, full of respect and solemnity of the mourners who, in vigil, await the arrival of the souls. It is in such instances that she visualizes the mysticism of that everlasting culture. Brother Francisco de Burgoa, Dominican chronicler (1600-1681) registers on the pages of his work *Geografica Descripcion* (1674)

cuando el Vicario del convento de esta antigua Villa de Guadalcázar (Tehuantepec) reclamó al principal de los indios de esta Villa, porqué le ofrendaban a sus muertos comida y frutas de la tierra colocadas sobre "mesas o cañizos" en el interior de sus casas para rendirles homenaje, *pues vía cada día los cadáveres y huesos pútridos de sus difuntos en las sepulturas y que las ánimas como espíritus incorruptibles no comían, ni bebían, como el cuerpo que necesitaba de esto para crecer y aumentarse";* el indio le respondió: *"Ya sé padre que los difuntos no comen la carne, ni los huesos, sino que cuando vienen se ponen encima de los manjares y chupan toda la virtud y la sustancia de que necesitan y lo que dejan no la tiene, ni es de provecho, y si esto no es así, por qué consestís vosotros a los españoles que a vuestros ojos pongan en las iglesias sobre las sepulturas pan, vino y carneros, y volvió el siervo de Dios a declararles que la intención de los fieles no era de dar de comer a los muertos, sino dar aquella limosna a los ministros en su nombre para que los encomienden a Dios…"*

He ahí el parto del sincretismo del que Mary J. Andrade nos habla, he ahí la fusión o el mestizaje de dos culturas. Ella describe este asombroso hecho al citar con suma precisión que en las costumbres de Valles Centrales las ofrendas y la vigilia se realizan en los sepulcros de los panteones, a diferencia de las costumbres del Istmo donde las ofrendas y la vigilia se realizan en altares y en los hogares de cada familia doliente.

Su labor de investigación se ilustra más con la breve reseña histórica que, a manera de introducción, hace sobre Tehuantepec durante la época prehispánica, porque así lo vincula con las etapas florecientes de la cultura zapoteca que se desarrolló en Valles Centrales, pues aunque en el Istmo esta raza se haya mezclado con la presencia de otras razas y de otras culturas que le dieron personalidad propia que la distinguen de otras etnias que actualmente pueblan el estado de Oaxaca, es innegable que en este territorio prevalece la cultura zapoteca, lugar donde sus costumbres se

the history of this culture, when he refers to what took place in Tehuantepec at the end of the XVI century. The vicar of the convent of this ancient Villa de Guadalcazar (Tehuantepec) demanded from the chief of the indians of this Villa, the reason why they gave offerings of foods and fruits of the land to their dead and placed on top of tables or cañizos (structures made from sugarcanes) inside their homes to honor them. He writes, *"Well I would see daily the cadavers and bones rotting in the grave sites and the souls as incorruptible spirits did not eat or drink, unlike the body which needs this to grow and increase";* the indian responded, *"I know Father, that the deceased don't eat meat, nor the bones, but when they return they place themselves on top of the offerings and absorb all the goodness and the substance that they need and what they leave behind no longer has this goodness, and if this is not like as I've described it, then why do you allow, the Spaniards, that your own eyes are witness to, into the churches, on top of the grave sites bread, wine and sheep, and when God's lamb returned to declare that the objective of the faithful was not to feed the deceased but rather, to give those offerings to ministries in their name so that God will reward them…"*

Hence we have the birth to the syncretism that Mary J. Andrade talks about, as well as the fusion or the mixing of two cultures. She describes this astonishing fact by citing with exacting detail that in the tradition of the Central Valleys the offerings and the vigil take place at the grave sites of the cemeteries, unlike the tradition of the Isthmus where the offerings and the vigil take place at the altars and in the homes of each mourning family.

Her investigative work becomes apparent more so with the brief history that, in a way of an introduction, she writes about Tehuantepec during the pre-Hispanic period, and this is how she links with the developing facets of the Zapoteca culture that developed in the central

forjaron y lograron su propia identidad cultural sin desprenderse de sus orígenes. Prueba de ello es el notable símil que se puede observar en el concepto que se tenía de la muerte en ambos lugares, en los que existía la creencia que la muerte era tan sólo un estado físico transitorio y que conducía a otra vida y por ello los entierros se preparaban adecuadamente, sobre todo para los reyes y príncipes, tal como lo prueban las ofrendas, joyas y sirvientes que aparecieron en la tumba No. 7 de Monte Albán en Valles Centrales y las que aparecieron en tumbas del centro ceremonial del Guie Ngoola en el Istmo, de lo cual da cuenta el mismo Fray Francisco de Burgoa en su obra citada, cuando al registrar "sus materiales etnográficos, apunta sobre ofrendas (halladas) en la tumba de un príncipe de Tehuantepec".

Bella y sublime es la narrativa que Mary J. Andrade hace de su estancia en los pueblos del estado de Oaxaca, nos da la impresión que su presencia entre los nativos fue considerada amablemente como alguien más de la comunidad. Supo captar en su momento esa personalidad que distingue a los zapotecas del Istmo, se mezcló con ellos, convivió con ellos. Se nutrió de la narrativa de los estudiosos y conocedores por tradición oral; sintió muy dentro de ella el espíritu comunitario de los nativos para realizar toda acción, tanto hombres como mujeres, cada quien en su quehacer; admiró esa cualidad singular de ellas al preparar los tamales y la bebida, no solamente para las almas que retornaban a su hogar para disfrutar de las ofrendas, sino también para los visitantes al acontecimiento, que resalta más cuando se trata de un *XANDU YA'* o "Todos Santos Nuevo", donde tuvo la oportunidad de vivir y sentir el dolor y la tristeza por el ser querido ausente.

valley. Although in the Isthmus this race had mixed with the presence of other races and other cultures which gave it its own unique personality and made it distinct from other ethnicities that currently make-up the state of Oaxaca, one cannot deny that in this territory the Zapoteca culture prevails. It is a place where its customs forged and reached a cultural identity of its own without ignoring its origins. Evidence of such is the apparent similarity that one can observe in the concept that they had of death in both places, in which the belief that death was simply a physical transitory state that leads to another life; hence, burials were prepared adequately, especially for kings and princes, as it is evident with the offerings, jewels, and servants which were discovered in the No. 7 tomb of Monte Alban in the Central Valleys and other such items that appeared in tombs of the ceremonial center of Guie Ngoola of the Isthmus. Brother Francisco de Burgoa presents an account of such in his cited work, while recording "his ethnographic materials, he alludes to offerings found in the tomb of a Tehuantepec prince."

The beautiful and sublime narration that Mary J. Andrade makes of her stay in the towns of the state of Oaxaca, gives the impression that she was considered a member of the community among the people of this land. She knew how to capture every moment that unique personality that distinguishes the Zapotecas of the Isthmus, she became part of them, she lived together with them. She drew from narrations of researchers and historians who learned of their history through oral tradition; she felt deep within herself that sense of community spirit of the natives to accomplish any task, women as well as men, each with a task to accomplish; she admired that singular quality that their women had to make tamales and drinks, not only for the souls who would be returning home to enjoy such offerings, but also for those visitors who were partaking in these festivities. These festivities were at their peak with *XANDU YA'* or "All New Saints Day," where she had the opportunity to relive and feel their pain and sorrow for the loved one who was no longer among the living.

Among all this mixture of remembrances, nostalgia, and sentiments, she leads us through a world which is not only mystical but magical as well,

En toda esta mezcla de remembranzas, nostalgias y sentimientos, ella nos conduce por un mundo no solamente místico, sino mágico, donde se conjugan la tristeza, la alegría y el respeto por los seres queridos que han desaparecido, pero que llegarían ese día.

Llama la atención la referencia que hace de los altares en forma piramidal que se instalan en Tehuantepec, donde al enterarse del significado de sus gradas, descubre que estos altares representan simbólicamente la evolución de la vida y que ésta se sostiene por la muerte.

No desaprovecha la oportunidad para narrarnos una interesante reminiscencia de la cultura zapoteca: El *Chagalú*, nobleza pura, que va más allá de una simple coparticipación, es un gesto que nace de lo más profundo de los sentimientos de solidaridad con el que se ayuda física o materialmente al vecino, al amigo o al hermano. Igualmente destaca la figura de dos personajes importantes en la escala jerárquica de Tehuantepec que tienen sus orígenes desde tiempos inmemoriales: El *Xhuáana* y la *Xelaxhuáana* que representan la autoridad moral en los barrios de esta metrópoli prehispánica.

Mary J. Andrade logra darle vida con gran habilidad periodística al colorido de las flores en los mercados, a la alegría en los corazones de las mujeres, al talento y creatividad con que se montan los altares de Tehuantepec o el Biquie' en Juchitán y a esa impresionante amalgama de llantos y notas musicales que escuchó en el panteón de Salina Cruz, haciendo con estas sublimes y multicolores expresiones verdaderos mosaicos literarios.

Quizá Mary J. Andrade viaje a otras partes de la República Mexicana o a otras partes del mundo, pero el valiosos testimonio que deja en este libro, hecho con dedicación y amor, la vincularán para siempre con los enigmáticos pueblos oaxaqueños, donde se nace y se muere con música, donde se vive con trabajo y alegría, donde se quiere con pasión y con llanto.

César Rojas Pétriz *(Zapoteca de Tehuantepec)*

Don César Rojas Pétriz fue Director de la Casa de la Cultura de Tehuantepec de 1975 a 1991. Fue Cronista de la ciudad de Tehuantepec de 1993 a 1997. Es Director de la <u>Revista Cultural Dáani Béedxe</u>, que publica y edita desde 1992.

where sadness, happiness, and respect for loved ones who have gone but will return that special day, are intertwined.

It is interesting the reference she makes regarding the pyramidal altars which are set in Tehuantepec, where upon learning the significance of their levels or steps, she discovers that these altars symbolize the evolution of life and how life is sustained by death.

She takes advantage of the opportunity to relate to us an interesting reminiscence of the Zapoteca culture: The *Chagalu,* pure nobility, which goes beyond a simple political participation, is a gesture that was born from the deepest of sentiments of solidarity through which one helps, physically or with material goods, a neighbor, a friend, or a brother. She equally details the roles of two important characters in the hierarchy of Tehuantepec who have their origins in forgotten times: The *Xhuaana* and the *Xelaxhuaana* who represent the moral authority in the neighborhoods of this pre-Hispanic metropolis.

Mary J. Andrade has succeeded in giving life with great journalistic skill (ability) to the vibrant color of the flowers in the markets, to the joy in the hearts of the women, to the talent and creativity with which the altars are set in Tehuantepec or the *Biquie* in Juchitan and that impressive chorus of weeping mourners and musical notes that she heard in the Salina Cruz cemetery; with these sublime and multicolored expressions Mary J. Andrade has created true literary mosaics.

Perhaps Mary J. Andrade will travel to other parts of the Mexican Republic or to other parts of the world, but the valuable testament that she leaves with this book, created with dedication and love, will link her forever to the enigmatic Oaxacan towns, where one is born and one dies with music, where one lives with work and joy, where one loves with passion and tears.

Cesar Rojas Petriz *(Zapoteca of Tehuantepec)*

Cesar Rojas Petriz was Director of the Tehuantepec House of Culture between 1975 to 1991. He was the Historian of the city of Tehuantepec from 1993 to 1997. He is Director of the <u>Cultural Magazine Daani Beedxe</u>, since 1992.

Oaxaca

El estado de Oaxaca se localiza en el sureste de la República Mexicana. Limita al norte con Veracruz y Puebla, al sur con el Océano Pacífico, al este con Chiapas y al oeste con Guerrero. Su geografía es una de las más accidentadas del país, lo cruzan la Sierra Madre del Sur, la Sierra Madre de Oaxaca y la Sierra Atravesada, lo que ha dado lugar a que muchas comunidades oaxaqueñas permanezcan aisladas. En la superficie del estado se combinan serranías, planicies, playas, grutas, cañones y estrechas cañadas.

Oaxaca está dividido en siete regiones: Valles Centrales, Mixteca, Cañada, Costa, Istmo y la Cuenca del Papaloapan. Por su ubicación en una zona tropical goza de una temperatura agradable, aunque por lo accidentado de su terreno, el clima varía de región a región.

En lo que hoy es Oaxaca convivían varios grupos étnicos antes de la llegada de los españoles, entre los que sobresalían dos: los zapotecos y los mixtecos, alrededor de quienes giró y gira una parte de la historia del estado. A finales del siglo XV, los aztecas hicieron sentir su presencia al abrir rutas comerciales al Soconusco y Guatemala.

Durante la época colonial el centro fue la ciudad de Antequera, que sirvió como sede del obispado. El estado ofrece una diversidad de atractivos. En las ciudades se destaca la belleza de la arquitectura colonial y sus festivales; muchas de las poblaciones que rodean la capital oaxaqueña, ciudad de la cantera verde, son conocidas internacionalmente por la diversidad de sus artesanías de barro rojo y negro, de cerámica de pastillaje, de madera pintada y de tejidos con lana teñidas con tintes naturales.

Cerca de la capital se encuentran las ruinas arqueológicas de Monte Albán, hermosa y antigua capital zapoteca; Mitla, "la Ciudad de los Muertos", con sus fascinantes diseños geométricos;

The state of Oaxaca is located in the southeastern part of the Mexican Republic. It borders Veracruz and Puebla in the north, the Pacific Ocean in the south, Chiapas in the east and Guerrero in the west. Its geography is one of the most mountainous in the country, divided by the South Sierra Madre, the Sierra Madre de Oaxaca, and the Sierra Atravesada Mountain Ranges, which have lead to isolating many Oaxacan communities. The surface of the state is made up of mountainous areas, plains, beaches, caves, canyons and narrow ravines.

Oaxaca is made up of seven regions: the Central Valleys, the Mixtec, the Cañada, the Coast and the Papalopan. Because Oaxaca is located in a tropical zone, it generally enjoys a pleasant climate, however, due to its diverse geography, the climate varies within each region.

Before the arrival of the Spaniards, various ethnic groups lived in what today is known as Oaxaca, of which two were dominant: the Zapotecos and the Mixtecos who played an integral role in the history of the state and continue to do so today. The presence of the Aztecs was felt at the end of the XV century upon the opening of trading routes to Soconusco and Guatemala.

During the colonial period the center of activity was the city of Antequera, which was the headquarters of the bishop. Oaxaca offers a variety of attractions. It is known for the beauty of its cities' colonial architecture and festivals; many towns that surround the Oaxacan capital, city of the green quarry, are known internationally for the diversity of their crafts made from red and black clay, beaded ceramics, painted wooden artifacts, and textiles made from naturally dyed yarn.

Near the capital, one finds the archeological ruins of Monte Alban, the

Yagul, Zaachila y Lambityeco. Está Santa María del Tule, donde se puede admirar el legendario Árbol del Tule, así como una serie de poblaciones con sus antiguos templos y capillas.

Posee una de las gastronomías más extensas y coloridas del país, en la que se combinan frutas tropicales y de montaña, con alimentos de la tierra y el mar. Se destacan platillos como el mole, los tamales, el queso y el chocolate.

Oaxaca fascina. El visitante que llega por primera vez es cautivado por el encanto de este estado, al que regresa una y otra vez, pues sabe que en cada viaje que realiza su espíritu se recrea con el conocimiento que adquiere al compenetrarse con sus habitantes. El oaxaqueño es un excelente anfitrión que gusta compartir su gama de cultura, tradiciones, lenguas e historia.

beautiful and ancient Zapoteca capital; Mitla, "the City of the Dead," with its fascinating geometric designs; Yagul, Zaachila and Lambityeco. There is Santa Maria del Tule, where one can admire the legendary Tule Tree, as well as a series of towns with their ancient churches and chapels.

It posseses one of the most extensive and colorful gastronomy of the country, in which tropical and mountain fruits are combined with delights from land and sea. Dishes such as mole, tamales, cheese, and hot chocolate, stand out in particular.

Oaxaca astounds. Those who visit for the first time are enchanted by the charm of this state; those who return time and again, know that in each trip they undertake their spirit is enlightened with the knowledge acquired through mutual understanding with Oaxaca's people. The Oaxacan is an excellent host who enjoys sharing his gamut of culture, tradition, language, and history.

Canción para Mamá

Canto, canto, porque me duele el llanto
y el misterio me zumba la cabeza;
con mis manos recreo la belleza
por eso canto y canto y canto tanto…

…tanto como una noche de quebranto:
que entre aromas de la naturaleza
la queja de la música es pureza
que brota en la palabra de mi canto.

Me seduce la sensación, tan bella
de revivir la corta trayectoria
que se parece al grito de una estrella.

Es mi carta de Amor recordatoria,
yo sé que mi canción le llega a ella
porque pongo mi alma en su memoria

Julie Sopetrán
(Poetisa española)

A Song for Mother

I sing, I sing, for it hurts to cry
And the "why?" rings in my mind;
with my hands I recreate beauty
and that is why I sing and sing so much…

…so much like a sorrowful night
that amid nature's aroma
the moaning of music is purity
that sprouts out of the words of my song.

I am seduced by the sensation, so beautiful
of reliving the brief journey
that is a star's cry.

It is my reminiscent Love letter;
I know that my song reaches her
Because I lay my soul in her memory.

Julie Sopetran
(Spanish poet)

Valles Centrales

Central Valleys

Tristeza y Alegría compartida en el Día de Muertos

En 1987, la Organización de las Naciones Unidas para la Educación, la Ciencia y la Cultura (UNESCO), declaró a la ciudad de Oaxaca "Patrimonio de la Humanidad", en consideración a la calidad y valor de sus obras. El título le fue conferido por sus manifestaciones de cultura, expresadas a través de su historia en monumentos arqueológicos, en arte y en

A sharing of sadness and joy on Day of the Dead

In 1987, UNESCO (United Nations Educational, Scientific and Cultural Organization) officially declared the city of Oaxaca as part of the Cultural Heritage for Mankind for its valuable and enriching activities. The city of Oaxaca was awarded this recognition for its cultural contributions reflected throughout its history and archeological monuments,

ciencia, que son fuentes de riqueza espiritual para las generaciones presentes y futuras.

La ciudad de Oaxaca de Juárez se encuentra ubicada en la región de los Valles Centrales del estado de Oaxaca. Sus habitantes se sienten orgullosos de compartir esta riqueza arqueológica y cultural con los demás pueblos del mundo.

La historia también está hecha de las costumbres y tradiciones de un

arts and sciences, which are a source of spiritual enrichment to present and future generations.

Oaxaca de Juarez is located in the central valley region of the state of Oaxaca. Its inhabitants proudly share their cultural and archeological wealth with other nations of the world.

A country's history is made of traditions and costumes. In Oaxaca de Juarez, traditions are guarded with zeal and respect.

23

pueblo. En Oaxaca de Juárez, éstas se conservan celosamente y con respeto.

Una de las tradiciones más arraigadas en el pueblo oaxaqueño es el Día de Muertos. Es una de las fiestas más autóctonas que se celebra por varios días, antes y después del 2 de noviembre, dependiendo de la población y de su ubicación en los Valles Centrales.

Los días de celebración son jornadas de jolgorio, en las que se alternan con increíble facilidad las visitas solemnes a los cementerios. La gente se alegra con la perspectiva de saborear las bien condimentadas "ofrendas" preparadas en honor a las almas, de las cuales, las principales son el mole negro, tamales, calabaza con dulce de panela y chocolate, platillos típicos de la cocina oaxaqueña.

En realidad, aquí no se puede hablar del Día de Finados, lo más apropiado sería decir la Semana de Finados. Ocho días antes de la fecha tradicional, la Central de Abastos se pone a reventar con la venta de artículos y condimentos necesarios para la celebración, cuyas manifestaciones principales son los platos típicos que se preparan y se colocan en los respectivos altares levantados en los hogares, plazas y cementerios.

En Oaxaca, el Día de Finados es una tradición secular, que solemniza la festividad de Todos los Santos y la conmemoración de los Fieles Difuntos conforme al calendario cristiano. Desde la evangelización de Oaxaca llevada a cabo por los dominicos, se implantaron estas fechas en la celebración de Todos los Santos, como resultado del sincretismo entre el culto de los muertos que ya practicaban los pueblos prehispánicos, con la fusión de las creencias de la religión católica.

La ofrenda de comestibles a las almas de los muertos, son un reflejo fiel de las creencias nativas. Los antiguos habitantes de esta región creían que el alma del difunto hacía acto de presencia en la casa que había habitado en vida; la noche anterior a la

One of the traditions with the longest history is the celebration of Day of the Dead. This celebration is one of the oldest and lasts several days before and after November 2nd, depending on the town and its location in the Central Valleys.

These celebrations are journeys in myrth which are intertwined with solemn visits to the cemeteries. People look forward to savoring the "offering" to the souls of the deceased. This is a well-seasoned culinary fair, which includes typical Oaxacan dishes such as mole negro (meat in rich chile and chocolate sauce), tamales, sweet pumpkin, and hot chocolate.

In fact, the celebration of the Day of the Dead in Oaxaca should be deemed the Week of the Dead. Eight days prior to the traditional appointed date, November 2nd, the city's main market, the Central de Abastos, bursts with articles and condiments needed for the celebration, mainly typical dishes that will be prepared and placed on altars at homes, plazas, and cemeteries.

In Oaxaca, the Day of the Dead is a secular, solemn festivity to all the saints and the commemoration of the Faithful Dead according to the Christian calendar. Since the evangelization of Oaxaca by the Dominican Order, these dates were established in the celebration of all saints as a result of the syncretism between the cult of the dead that was practiced by the pre-Hispanic people and the beliefs of the Catholic religion.

The offering of edibles to the souls of the dead is a practice that echoes native beliefs. The ancient inhabitants of this region believed that the soul of the dead would visit the home where he or she resided. To welcome them properly, the relatives would place a series of offerings, which included a variety of favorite dishes such as: tamales, tortillas, atole, pumpkins, quail, and rabbit, especially prepared to satisfy the taste of the deceased.

celebración, y para recibirlos dignamente, ponían al alcance de ellos una serie de ofrendas, que consistían principalmente de diferentes platillos: tamales, tortillas, atole, calabazas, codornices y conejos, aderezados según la forma como le gustaba a la persona fallecida, en honor de quien se elaboraban estos potajes.

Según estudiosos de esta costumbre, antes de la conquista española los moradores de las casas se pasaban la noche en vela, sentados en cuclillas y con la cabeza baja, sin atreverse a levantar la vista, para que el alma del visitante no los castigara por tal falta de respeto. Al día siguiente, se distribuían las ofrendas entre los menesterosos o las personas que encontraban a su paso por el pueblo. Si los dueños de una vivienda no encontraban a quien obsequiarlas, entonces las enterraban.

La parte religiosa fue introducida durante los primeros años del coloniaje. Si bien es cierto que la Iglesia Católica cambió el sentido de la creencia religiosa indígena, en cambio quedó vivo el rito ancestral de la ofrenda que es donde reside el carácter genuino y tradicional del Día de Muertos.

Las ofrendas, centro mismo de las festividades, son eco del profundo amor que el mexicano siente por la vida. Y son precisamente las variaciones que hay entre los pueblos vecinos, las que representan la idiosincrasia de cada uno de ellos.

En Teotitlán del Valle, por ejemplo, el altar se erige en un lugar predominante y que queda permanentemente instalado en la casa. Para adornarlo se usan el *cempasúchitl* y flores que crecen en los alrededores. En los valles de Oaxaca, existe una flor silvestre diminuta, que florece precisamente en octubre y noviembre, que se llama flor de muerto. Esta flor imprime en la campiña un color amarillo brillante.

A diferencia de Teotitlán del Valle, los habitantes de Ocotlán, ubican el altar en el lugar más conveniente del hogar y lo adornan con *cempasúchitl* y cresta de gallo, una flor roja con textura de terciopelo.

Todo el estado participa de esta celebración. Los hogares ricos y pobres desarrollan el mismo tipo de actividad desde la víspera. Con febril ahínco se despluman aves para la cena y se preparan ofrendas para colocarlas primero en el altar particular de la casa,

According to researchers who have studied this custom, before the Spanish conquest, residents of the home of the deceased would spend the night keeping vigil in a squatted position with their heads bowed, not daring to lift their eyes lest the visiting souls would punish them for lack of respect. The following day, the offerings would be distributed among the needy or people they would encounter along the way. If they could not find someone to donate the food, the offering would be buried.

The religious aspect of this celebration was introduced during the first years of the colonization. Although the Catholic church changed the meaning of the indigenous beliefs, in Oaxaca it left the ancestral ritual practices of the offering alive and intact, which is the traditional and genuine essence of the Day of the Dead.

The offerings, a main aspect of the celebration, echo the profound love that the Mexican people feel towards life. There are subtle variations among the neighboring towns, which is a celebration of each town's particular native characteristics.

In Teotitlan del Valle, for example, a predominant place is chosen in the main room of the house to erect the altar. To adorn it, they use the *cempasuchitl* and other wild flowers that grow in that region. In the valleys of Oaxaca, a tiny wild flower called Flower of the Dead grows and blossoms in the months of October and November. When in bloom, this flower covers the countryside with a bright yellow color.

People of Ocotlan differ from those in Teotitlan del Valle in that they place the altar in the most convenient place in the home and use the *cempasuchitl* and a red, velvet-textured flower called rooster's crest.

The celebration of the Day of the Dead takes place throughout the state. Rich and poor alike go through much of the same activities on the eve of this holiday. With excitement, they prepare birds for dinner and season the offerings that will be placed at the altar which is especially decorated for the occasion. After the souls have visited the homes and have delighted themselves with the aroma of the offerings, the food is taken and placed at the foot of the tombs at the cemeteries where it is shared and enjoyed among relatives and friends.

bellamente adornado. Después de que el alma ha visitado el hogar y se ha deleitado con el aroma de las ofrendas, se las llevan a los cementerios para, al pie de las tumbas, repartirlas y disfrutarlas con familiares y amigos.

En el homenaje que se rinde a los muertos hay dos aspectos esenciales: los altares y la visita al panteón. Esta es una combinación de dos tradiciones, la mixteco-zapoteca y la católica-española.

Algunos de los pueblos encienden fogatas en cada esquina de las calles para guiar a las almas por el camino seguro. En los hogares, al pie de los altares, se hacen caminos con pétalos de *cempasúchitl*, para conducir el alma hasta el altar que se ha erigido en su memoria. En varias poblaciones, los familiares van a los panteones a depositar las ofrendas florales y a comer, como si fuese un día de campo, entre música, cantos y rezos.

Dentro del sentimiento popular, los nuevos dioses no han desplazado por completo a los dioses antiguos. Todavía están los ídolos paganos en los altares católicos, a través de la interpretación y la fe que a cada santo se le da. En el ritual del culto a la memoria de los antepasados, representados en los panes y dulces de las ofrendas, están presentes las creencias precolombinas, con los símbolos de la religión católica.

En las poblaciones de los Valles Centrales de Oaxaca, el altar se coloca el 31 de octubre y se desmantela el 2 de noviembre. El último día de octubre llegan las almas de los niños, el primero de noviembre las de los adultos y, finalmente, el 2 de noviembre las almas se retiran del plano terrenal. La hora de la llegada de los angelitos varía de acuerdo al pueblo; en Zimatlán, por ejemplo, creen que llegan a las cuatro de la tarde.

En el concurso de altares, convocado por H. Ayuntamiento de Oaxaca de Juárez que se realiza el primero de noviembre en la Arcada del Panteón San Miguel, los participantes les agregan motivos que

There are two essential features in the homage that is paid to the deceased: the altars and the visit to the cemetery. This is a combination of the Mixteco-Zapoteca and the Spanish-Catholic tradition.

In some towns, people create bonfires on street corners to guide the spirits to the right path. In homes, at the foot of the altars, a path of petals of *cempasuchitl* directs the souls to their personal altar. In other towns, family members journey to the cemeteries to leave their offerings of food and flowers and to eat as though in a picnic with music, prayers, and singing.

It is commonly believed, that the old gods have not been completely replaced by the new ones. Pagan idols are still present in Catholic altars in many homes hidden behind the interpretation and the faith that the Catholic saints inspire in people. In the ritual of the cult in memory of their ancestors, which are openly expressed in the offerings of breads and sweets, pre-Hispanic images blend with symbols of the Catholic religion.

In the Central Valleys of Oaxaca the altar is built on October 31st and is taken down on November 2nd. The souls of deceased children arrive on the last day of October, on November 1st the souls of deceased adults pay their annual visit, and on November 2nd the souls depart from the terrestrial plane. The time of arrival of the little angels varies from town to town. In Zimatlan, for example, it is believed that they arrive at four o'clock in the afternoon.

The city council of Oaxaca de Juarez invites the community to participate in the traditional altar decorating contest, which takes place on November 1st, at the Arcada of San Miguel's cemetery. Participants always remember to add the elements that characterize the different regions of the state of Oaxaca. An altar decorated with seven steps

31

caracterizan a las diferentes regiones del estado de Oaxaca, que son representadas en dicho concurso. No falta el que añade siete peldaños para "demostrar que el estado tiene siete regiones".

Aparte de las ofrendas de comida, se incluyen objetos de uso personal: si el altar está dedicado a una mujer, no falta el rebozo para que el alma se abrigue, en caso de que sienta frío y un petate para su descanso; si es para un angelito, el rebozo simboliza también el cariño maternal. Junto al petate no falta la cobija para que las almas, una vez saciada, con los ricos manjares, descansen antes de emprender el regreso.

Si el altar es para un hombre, se ponen monedas antiguas para que pague con ellas las deudas que dejó al morir. Un vaso de agua es indispensable para que el alma calme su sed. Además, nunca falta el incienso para limpiar el aire de malos espíritus.

A diferencia del área de Pátzcuaro, donde las ofrendas son colocadas en los cementerios a la medianoche del primero de noviembre, en Oaxaca se puede visitar diferentes camposantos durante dos o tres días seguidos. El 31 de octubre, al atardecer, en el cementerio de Matatlán, cuna del mezcal, se comienzan a arreglar las tumbas con flores y a colocar dentro de pequeñas capillitas, hechas en la cabecera de la tumba: la foto del fallecido, frutas, flores y veladoras. En este cementerio antiguo se entierran a los ancianos con los pies hacia el sur y a los jóvenes con los pies hacia el norte.

Después de siete días, los familiares regresan y limpian nuevamente las tumbas y repiten el ritual de la noche del 31 de octubre; en esta ocasión el sacerdote celebra la misa en el cementerio. Después, los bailarines del pueblo se disfrazan y bailan a la entrada del cementerio por tres horas, durante tres noches seguidas. La cuarta noche bailan en el atrio de la iglesia del pueblo y con ello concluye la celebración de Día de Muertos en Matatlán.

En el cementerio de Xoxocotlán, la noche del 31 de octubre las tumbas cobran vida al cubrírselas de

"representing the seven regions in the state," is an entry entered in the contest without fail.

Aside from the edible offerings, there are objects of personal use. If the altar is dedicated to a female, a shawl is included —should she be cold, the soul may use it to cover herself. A sleeping mat is also included for rest. If the altar is in memory of a little angel, the *rebozo* (shawl) symbolizes the maternal love. Nearby you can see a blanket for the souls to rest after they have finished eating and before their return trip.

If it is dedicated to a male, antique coins are placed at the offering to pay off debts that were left at its death. A glass of water is a must at every altar to satisfy the souls' thirst, along with incense to ward off evil spirits.

In contrast to the area of Patzcuaro, where the offerings are placed in the cemeteries at midnight on November 1, in Oaxaca you can visit the cemeteries two to three consecutive days. On October 31 for instance, at sundown in the Matatlan cemetery, the birth place of mezcal, people start to decorate the tombs with flowers and place inside the little chapel at the head of the tomb: a picture of the deceased, along with fruits, flowers, and candles. In this old cemetery, the elderly are buried with their feet facing south and the young with their feet facing north.

After seven days the relatives of the dead return to clean the gravesites and repeat the ritual of October 31st. At this time the priest celebrates mass at the cemetery and the dancers of the town dress up and dance for three hours at the entrance of the cemetery for three consecutive days. On the fourth night the dancers perform at the atrium of the church, bringing to an end the celebration of the Day of the Dead in the town of Matatlan.

On October 31st, in the Xoxocotlan cemetery, the tombs come to life as they are covered with flowers and candles. The place acquires a surrealistic aspect as a star-studded sky and a flower-filled land come together as a fusion of heaven and earth.

flores y cirios. El lugar adquiere así un aspecto surrealista donde flores y luces semejan la unión de un cielo estrellado y un campo florido: fusión del cielo y de la tierra.

Sentados junto a las tumbas, los familiares cuentan chistes, platican entre sí de sus cosas y no faltan quienes incluyan un conjunto musical para que alegre la velada, cantando las canciones que al fallecido le gustaban.

Y si se observa con un poco más de cuidado, dos o tres pasos más allá, sobre otra tumba, un grupo de chiquillos disfruta del popular juego de dados "Serpientes y Escaleras", acompañando a sus padres a su manera. Incluso, no falta una adolescente que coloque su cuaderno de notas en la esquina de una tumba y haga sus tareas escolares alumbrada con las llamas de las velas.

La noche del primero de noviembre, horas después de celebrarse el concurso de altares en el panteón de San Miguel, los nichos son iluminados con pequeños cirios creando un ambiente cálido con tonalidades anaranjadas, que motivan a los visitantes a pasear lentamente, entre los altares colocados frente a los nichos.

Seated by the gravesites, relatives of the deceased tell jokes and talk among themselves. A group of musicians is always present to liven the vigil and to play favorite songs of the deceased.

If you take a closer look you will see at another tomb children playing a game of dice familiar to all, Snakes and Ladders, participating along with their parents in their own way. It is not unusual to see a teenager doing his homework on the corner of a tombstone, taking advantage of the candlelight.

On the night of November 1st, a few hours after the offering contest at San Miguel's cemetery, the niches are lit with small candles creating a warm atmosphere accented with the aura of orange tonalities, inviting visitors to stroll through the altars, which are placed in front of the niches.

Decorated with palm leaves, *cempasuchitl* and wax candles, the gravesite dedicated to the unknown soul is the center of attention where the Oaxacan symphony plays classical music for several hours. The candlelight in the niches, the musical notes and the shadows which glide between the lighted crosses create a truly astonishing image.

Alrededor de la tumba al alma desconocida, que se convierte en centro de un altar decorado con palmas, *cempasúchitl* y cirios, se coloca la sinfónica de Oaxaca; durante varias horas los miembros de la orquesta interpretan música clásica. Los nichos con sus velitas, las notas musicales y las sombras que se deslizan entre las cruces iluminadas crean un ambiente impresionante.

Esa misma noche, en la población de Etla no faltan las famosas comparsas, que se dedican a recorrer las casas de todos los barrios, representando la muerte. Después de observarlas y participar en ellas, es fácil comprender como los nativos del lugar se burlan de la muerte, conscientes de que venerada o temida, ella camina inevitablemente a nuestro lado.

Durante todo el día 2 de noviembre, en muchas de la poblaciones de los Valles Centrales oaxaqueños, los rituales de rendir homenaje al alma de los fallecidos continúa en los cementerios de Teotitlán del Valle, Tlacolula, Santa Ana del Valle y Zaachila.

Esta festividad que se centraliza en los cementerios, deja grabada una impresión permanente de frutas partidas colocadas sobre la tumba para que el alma disfrute de su esencia, de cirios, flores, cantos, bromas y juegos de menores.

Siempre hay alguien que tristemente contempla el pedazo de tierra donde descansan los restos de su ser amado, recordándolo muchas veces con lágrimas en los ojos, mientras entona lentamente una canción, acompañado de su guitarra.

Sin embargo, dentro de esa tristeza hay aceptación de lo que saben desde siempre: que la vida y la muerte complementan un ciclo y que la muerte, es una fuente de renovación.

Las celebraciones de fines de octubre y de principio de noviembre de cada año, representan el recuerdo de los seres queridos ausentes. Las conmemoraciones y ofrendas en estos días recuerdan que la muerte es ilusoria, que la vida es eterna y que la presencia, aunque intangible, de los que han abandonado el plano terrenal, es permanente.

On the same night in Etla, a group of people masquerading as death visit homes in all the neighborhoods. After observing and participating in this activity, it is easy to understand why the residents of this country mock death quite aware that either venerated or feared, death walks by our side.

Throughout the day of November 2nd, in various towns of the Central Valleys of Oaxaca, the rituals to pay homage to the souls of the dead continue in the cemeteries of Teotitlan del Valle, Tlacolula, Santa Ana del Valle, and Zaachila.

The essence of fruit on the tombs, the candlelights, flowers, songs, jokes, and children games, all leave a lasting impression on the visitor.

There are those who contemplate the tomb of a loved one with tears in their eyes, while singing softly, a song accompanied by a guitar.

However in this sorrow there is also acceptance in the knowledge held before time — that life and death complete a cycle and the belief that death itself, is a fountain of renewal.

The celebrations each year at the end of October and the beginning of November represent the remembrance of departed loved ones. The commemoration and offerings of these days remind people that death is illusive, that life is eternal, and the presence, however intangible of a departed loved one, is everlasting.

What are memories? It is the ability to maintain within ourselves the presence of a loved one, their voice, their smile, their caress, their likes, and dislikes. It is also discovering their presence in their earthly belongings. That presence becomes most evident in the celebrations of the Day of the Dead, in which with an open heart one pays homage of love to those who have departed.

The altars covered with *cempasuchitl* and rooster's crest flowers, culinary offerings, fruits, bread of the dead, hot chocolate, pumpkin with honey, candles, and banana leaves are the main elements which the

¿Qué es un recuerdo? Es mantener dentro de uno mismo la presencia de un ser amado: su voz, su sonrisa, sus caricias, sus gustos. Es también hallar esa presencia en los objetos personales que fueron suyos. Es en estos días, durante los cuales se rinde con el corazón abierto, un homenaje de amor a quienes han partido y es cuando esa presencia se hace más evidente.

Los altares cubiertos de flores de *cempasúchitl* y cresta de gallo, engalanados con ofrendas culinarias, frutas, pan de muerto, chocolate, calabazas en almíbar, la luz de las velas y hojas de plátano, son los principales elementos de los que se vale el oaxaqueño para vivificar el recuerdo de los que han partido.

Esos elementos que hablan del amor hacia el finado, son en realidad una gráfica y elocuente expresión de amor hacia la vida. Durante esta celebración la muerte se transforma en amiga y compañera con la que se goza y se bromea.

Altares, ofrendas, calaveritas de azúcar, cirios, música, juegos, tristeza y alegría, son los elementos y sentimientos con los que se baila en Oaxaca la danza de la vida y de la muerte.

Oaxacans use to renew the memory of the ones that have left them.

Those elements that speak of affection toward the deceased, are in fact, a graphic and eloquent expression of love towards life. During this celebration death is transformed into a friend and companion with whom we share good times.

Altars, offerings, little candy skulls, candles, music, games, sadness and happiness are the elements and feelings needed to dance the waltz of life and death in Oaxaca.

El Istmo de Tehuantepec es una región privilegiada con muchos atractivos por sus playas, su gastronomía y su folklore. De sus celebraciones religiosas destacan las conocidas como "Velas" que se realizan entre los meses de mayo y septiembre.

Tehuantepec cuenta entre sus ciudades principales a Juchitán, Tehuantepec y Salina Cruz donde el donaire de la mujer tehuana sobresale en cualquier actividad a la que se dedique.

Aunque es el nombre de Juchitán que en nahua significa "con o entre las flores", esta definición puede aplicarse, por la exuberancia de la vegetación, a toda la región. En el vestido de la tehuana se puede admirar, a través de los bordados, su sentido artístico y la belleza de las flores que son características del lugar.

The Isthmus of Tehuantepec is a privileged region with many attractive beaches, gastronomy and folklore. Of its religious celebrations, the "Velas" are the most popular, and they take place between the months of May and September.

Tehuantepec has among its principal cities Juchitan, Tehuantepec and Salina Cruz, where the presence of the Tehuana woman stands out in any activity that she is involved in.

Even that Juchitan means "with or among flowers" in Nahuatl, this definition can apply, because of the exuberance of the vegetation, to the whole region. In the dress of the Tehuana you can admire, through the embroidery, their artistic spirit and the beauty of the flowers that are a characteristic of the area.

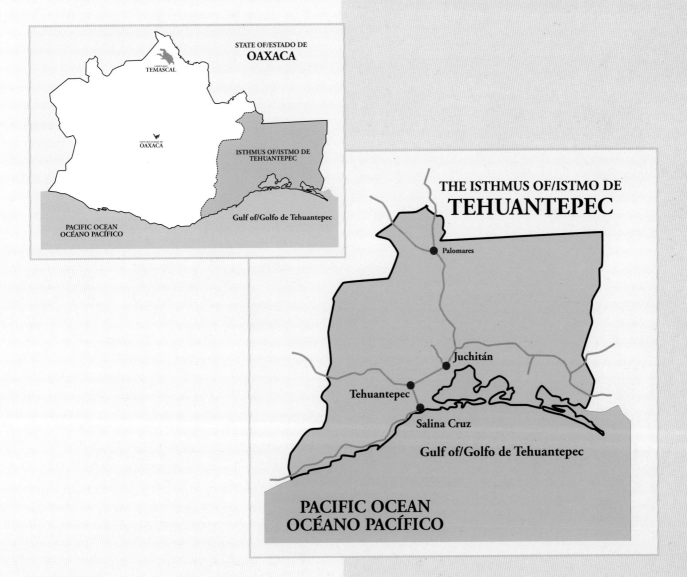

Xelaxhuáanas

Mujer que cuidas el recuerdo y clamas:
tus frutos de la tierra van al viento;
en el papel picado suena y siento
un lenguaje de aromas y de llamas.

Agua para la sed la que reclamas
con esa fe que mueve el pensamiento;
con esa majestad que es sentimiento
de todo lo que sufres porque amas.

El olfato de muerte te ha seguido
se respira el incienso de la casa
y en el petate yace lo que ha sido:

mariposa del aire que traspasa
y lleva entre sus alas lo vivido
su perfume es fervor por donde pasas.

Julie Sopetrán
(Poetisa española)

Xelaxhuaanas

Woman, you guard the memories and you cry out:
your fruit of the earth flys away with the wind;
as the *papel picado*[1] rattles and I feel
a language of aromas and flames.

Water for the thirst that you claim
with that faith that stirs in the mind;
with such grandeur that is sorrow
of all that you suffer because you love.

You have brought with you death's scent
the burning incense is alive in the house
and on the sleeping mat lies what used to be:

butterfly that pierces the air it traverses
and carries within its wings all which it has lived
its perfume is passion in all it touches.

Julie Sopetran
(Spanish poet)

1 Papel picado *is a decorative item used in fairs and celebrations; it's made by die-cutting tissue paper of different colors.*

Istmo de Tehuantepec

The Isthmus of Tehuantepec

Tristeza, Alegría y Respeto en el Homenaje Póstumo de Todos Santos Nuevo en el Istmo de Tehuantepec

Sorrow, Happiness and Respect in the Homage to All Saints in The Isthmus of Tehuantepec

Despacio, el autobús recorre los 250 kilómetros que separan a Tehuantepec de la ciudad de Oaxaca. Las cinco horas que dura el viaje pasan sin sentir; la vista se prende

Slowly, the bus travels the 155 miles which separates Tehuantepec and the City of Oaxaca. Captured by the scenery, the five-hour journey seems short. The dark green

admirando el paisaje que va quedando atrás. Los picos de las montañas, uno detrás de otro, cubiertos de una vegetación verde oscuro crean líneas ondulantes, en tanto que en el fondo de las montañas se deslizan riachuelos que, iluminados por el sol, parecen a la distancia, vetas de plata.

Desde la salida de la capital oaxaqueña, el paisaje se vuelve atractivo con los campos cubiertos de pequeñas flores amarillas, que rompen la monotonía

vegetation covers the mountain peaks, creating waves of greenery. In the background rivers flow gently, illuminated by sunlight, appearing as silver streaks.

Upon leaving the Oaxacan capital the scenery becomes very alluring as fields full of small yellow flowers, break the monotony of the exuberant green vegetation of the central valleys.

As the bus begins to ascend, the *agave* crops on the slopes of the mountains with

43

del verde exuberante de la vegetación de los Valles Centrales.

Iniciado el ascenso, en las laderas de las montañas los cultivos de agave con sus ramas abiertas al sol, parecen enormes flores de color verde azulado, en tanto que los cactus de órgano semejan figuras humanas con sus brazos extendidos hacia el firmamento.

Estos cultivos de agave contribuyen a la producción de mezcal, una bebida de origen pre-hispánico que constituye un renglón de ingresos muy importante en la economía del estado de Oaxaca.

La vía que conduce al Istmo es la misma que lleva al Tule y a Teotitlán del Valle. Pasando el punto de desvío hacia Mitla y Hierve el Agua, el autobús comienza a subir hacia las montañas a través de una carretera llena de curvas. En su recorrido, cruza por un sinnúmero de poblaciones asentadas en pequeños valles que se abren entre los cerros.

Las casas rodeadas de sembradíos de *cempasú-chitl* y cresta de gallo, flores tradicionales en la celebración de Día de Muertos, nos dan la seguridad que la tradición de celebrar a los difuntos es fuerte en esta parte del sur de México.

BREVE RESEÑA HISTÓRICA

La ciudad de Tehuantepec está ubicada en una pequeña planicie en las faldas del Cerro de Tigre, del cual toma su nombre en nahua. Este territorio que fue mixe hasta el siglo XIII, se mantiene en poder de los huaves hasta el siglo XV, cuando el emperador mexica Ahuítzol ordena que se instalen destacamentos con el objeto de proporcionar seguridad a los comerciantes aztecas que llegaban al Soconusco y Guatemala.

their branches extended towards the sun, appear as giant blue-green flowers. The cacti take the form of human figures with their arms lifted towards heaven.

The *agave* crop is a key element in the production of *mezcal*, a pre-Hispanic beverage, and an important source of income for the economy of the state of Oaxaca.

The road that leads to the Isthmus is the same one that reaches Tule and Teotitlan del Valle. Passing the detour towards Mitla and Hierve el Agua, the bus starts to ascend towards the mountains through a wavy road. Along the journey, the bus comes across a number of small villages nestled between the hills in small valleys.

The houses surrounded by *cempasuchitl* and rooster's crest, traditional flowers used in the celebration of the Day of the Dead, are evidence that the tradition to celebrate the dead in this Southern part of Mexico is still quite alive.

BRIEF REVIEW OF THE HISTORY OF TEHUANTEPEC

The city of Tehuantepec is located in a small plain in the skirts of Cerro del Tigre (Tiger's Hill). The city was named after this hill, which in Nahuatl means Cerro del Tigre. This territory belonged to the Mixe until the thirteenth century; the Huaves took control until the fifteenth century when Emperor Ahuitzol ordered soldiers to provide security to the Aztec merchants who traveled to Soconusco and Guatemala.

Cosijoeza, Zapoteca monarch of Zaachila (Central Valleys of Oaxaca), establishes an alliance with the Mixe king, Dzahuindanda. This alliance begins a war in the city fort of Guie Ngoola, where Cosijoeza triumphs over the Aztec empire.

Cosijoeza, rey de Zaachila (Valles Centrales oaxaqueños), establece una alianza con el rey mixteco Dzahuindanda, con lo que comienza una guerra de desgaste azteca en las fortificaciones de Guie Ngoola, ciudad fortaleza donde Cosijoeza logra vencer al imperio azteca.

En vista de que no podía derrotar a los aliados, el rey azteca ofrece una alianza y la entrega a los mixtecos del pueblo ubicado en las faldas de Guie Ngoola. De 1518 a 1526 gobierna Cosijopí, el hijo de Cosijoeza y Beelaxiaa, en el pueblo de Tehuantepec. A la llegada de los españoles, Cosijopí entrega su corona al rey español sin ninguna condición.

Algunos años después, el último rey de los zapotecas es convertido al catolicismo y los evangelizadores dominicos inician la construcción de un templo y un convento que se concluye en 1555, el cual se ha reconstruído conservando en sus muros los temples del siglo XVI.

Por su lucha para mantener su autonomía e independencia, la ciudad de Tehuantepec es vista como la cuna de la cultura zapoteca del Istmo, a la vez que el centro ceremonial del Guie Ngoola es considerado como santuario prehispánico de los zapotecas del Istmo.

CELEBRACIÓN DE TODOS SANTOS

Tehuantepec y Juchitán son ciudades alegres. Sus habitantes, comerciantes por naturaleza, conservan con mucho arraigo las tradiciones legadas por sus antepasados. Se enorgullecen de ello y en sus conversaciones lo sacan a relucir con especial orgullo. Por ello, la tradición o mejor dicho la celebración de Día de Muertos que aquí se conoce como Todos Santos, reviste características especiales en su ritual.

The Aztec monarch, in light that he could not defeat the allies, proposes an alliance to Cosijoeza and Dzahuindanda. He also proposes to surrender the town located in the outskirts of Guie Ngoola to the Mixtecas.

Cosijopi, son of Cosijoeza and Beelaxiaa, governed the town of Tehuantepec from 1518 to 1526. At the Spaniards' arrival, Cosijopi gives the crown to the Spanish king without any struggle.

Some years later, the last Zapoteca monarch converted to Catholicism. Evangelists from the Dominican order begin construction of a temple and a convent, which are completed in 1555. Since then, the convent has been reconstructed, preserving sixteenth century paintings enclosed within its walls.

The city of Tehuantepec is considered the cradle of the Zapoteca culture and the ceremonial center of Guie Ngoola is considered a pre-Hispanic sanctuary of the Zapotecas of the Isthmus for its struggle to maintain its independence and autonomy.

ALL SAINTS DAY CELEBRATION

Tehuantepec and Juchitan are lively cities. Its inhabitants are merchants by nature and hold strong to the traditions handed down by their ancestors. They take pride in their traditions and in their conversations they speak of them with special acclaim. Therefore, this tradition, better yet the celebration of the Day of the Dead, which in this region is known as All Saints Day takes special characteristics in its ritual.

In Tehuantepec the altars are the center of this celebration. They represent the authenticity of the

En Tehuantepec los altares, eje de la celebración, representan lo auténtico de la tradición de Todos Santos. Frente a él, se reafirma la creencia de que las almas de los fallecidos vuelven a visitar a sus familiares.

Al igual que en muchos lugares de la República Mexicana, se acostumbra aquí, cuando una persona fallece, rezarle durante nueve días seguidos, colocando una cruz de flores en el sitio exacto donde se veló el cadáver en su ataúd. Al finalizar las oraciones del noveno día, se levanta la cruz de flores y se la lleva al panteón, para colocarla en la sepultura del fallecido. Este rito se cumple ineludiblemente.

Después de 40 días se celebra una misa por el sufragio del alma, a la que sigue otra misa al cumplirse el primer aniversario del fallecimiento. Para celebrar el ritual de Todos Santos Nuevo, el 2 de noviembre, la persona debe de tener por lo menos 40 días de haber fallecido.

TRADICIÓN PREHISPÁNICA

De acuerdo a información proporcionada por varias personas nativas del Istmo de Tehuantepec, Todos Santos tiene sus raíces en la época prehispánica. Los indígenas ofrendaban a sus muertos, de una manera parecida a lo que en la actualidad se hace a través del altar. Les ofrecían comestibles, principalmente tamales y las diferentes frutas que existían en esa época. Los familiares esperaban la llegada o retorno de las almas, asumiendo desde la noche anterior, una actitud humilde, en señal de respeto. Dejaban las ventanas y puertas abiertas, para que las almas entraran a disfrutar de todo lo que les ofrendaban en el altar y así pasaban la noche, platicando sin levantar la vista. Durante la conversación les pedían a sus muertos que cuidaran de ellos

tradition of All Saints Day. The belief of the souls of the deceased visiting their close relatives is reaffirmed at the altar during this time of the year.

In Tehuantepec, just like in many places of the Mexican Republic, it is customary to have a rosary for nine consecutive days when a person dies. A cross made out of flowers is placed at the exact place where the body of the deceased laid at home during the vigil. At the end of their prayers on the ninth day, the cross is taken to the cemetery and it is placed on the gravesite. This ritual is carried out without fail.

A mass is offered for the redemption of the soul of the deceased after forty days of death and a second mass is held after the first anniversary. To celebrate the ritual of All New Saints, on November 2nd, the person must have been dead at least forty days.

PRE-HISPANIC TRADITION

According to information provided by several people native to the Isthmus of Tehuantepec, All Saints celebration has its roots in the pre-Hispanic era. The indigenous people would make an offering to their deceased in a similar manner as they do today with the use of the altars. They would offer food, in particular tamales and a variety of fruits available in that period. Relatives would anticipate anxiously the return of the souls. They prepared the night before with a humble demeanor as a sign of respect. Windows and doors would be left open for the souls to enter and enjoy the offering of all the items that had been placed at the altar. During the vigil, the relatives kept quiet, and would talk without looking up. In conversation they would ask their deceased to look after them and pray to their gods for a good harvest and a good catch.

49

y que suplicaran a sus dioses, para que les dieran una excelente cosecha y buena pesca.

El Dr. Alfredo Villalobos Rodas, investigador de las tradiciones de Tehuantepec, indica que el culto a los muertos tuvo un desarrollo muy grande dentro de las culturas aborígenes. El respeto y la veneración a los muertos se demostraba en forma especial el día de la inhumación, con ofrendas de ropa y objetos de su aprecio. Los alimentos que más le gustaban al

Dr. Alfredo Villalobos Rodas, native of Tehuantepec, states that the cult to the dead grew widely among the indigenous cultures. Respect and veneration to the dead, on the day of the burial, was shown through offerings of clothing, favorite dishes, beverages, candy, and favorite items which were placed on top of the gravesite. "Our ancestors didn't view death as the end of life but as a step towards another life, different and unknown," states Dr. Villalobos.

fallecido, bebidas, dulces, antojos, se ponía en el sepulcro. "Nuestros antepasados no interpretaban la muerte como el final de la vida, sino como el paso a otra vida, diferente e ignorada", comenta él.

As a symbol of the great respect shown to the deceased, relatives would place valuable offerings on their gravesites, offering the best they had. They believed that souls would travel on a long and unknown

Los muertos eran venerados y por el respeto que les profesaban, los familiares depositaban ofrendas muy valiosas. Les ofrecían lo mejor, pues creían que las almas iban a recorrer un camino desconocido que los conduciría a la eternidad. Prueba de esta clase de ofrendas se han encontrado en las ruinas de Monte Albán y en las de otras culturas mesoamericanas. Nos dice el Dr. Villalobos: "la creencia de los nativos va más allá del recorrido que las almas debían hacer después de la muerte, pues tenían la convicción que al cabo de cuatro o siete años regresaban convertidos en lo más hermoso que ofrece la naturaleza: en pájaros o mariposas".

DÍA DE TODOS SANTOS

La fecha actual para honrar la memoria de los fallecidos, se fija con la llegada de los españoles, según el calendario de celebraciones de la Iglesia Católica, ya que los evangelizadores al conocer este rito, que consideraron idolátrico, trataron de destruírlo. Al preguntarles el porqué de las ofrendas, los nativos

journey to eternity. Evidence of these offerings have been discovered in the ruins of Monte Alban and in Mezoamerican cultures. Dr. Villalobos further states that "what the natives believe goes beyond the journey the souls undertake after death; they were certain that after four or seven years, they returned in the form of a beautiful product of nature: birds or butterflies."

ALL SAINTS DAY

The actual date to honor the memory of those who have departed is set with the arrival of the Spaniards, as seen in the calendar of celebrations of the Catholic Church. Even evangelists became aware of this ritual which they considered idolatrous and tried to stop it. When questioned by the Evangelists for the reason behind this type of ritual, the natives answered 'you do the same thing, you offer bread and wine to your God.' The evangelists reconsidered it, and perhaps from that point on in history a Mestizo tradition was born, two cultures were mixed —the pre-Hispanic and Western culture.

contestaban 'ustedes hacen lo mismo, ofrecen a tu Dios vino y pan', lo cual hizo recapacitar a los evangelizadores. Es posible que a partir de ese momento de la historia, surge una tradición que es mestiza, ya que es la mezcla de la cultura prehispánica con la occidental.

Según el Dr. Alfredo Villalobos Rodas, el sincretismo de esta tradición consiste en la unión de las dos costumbres: la precortesiana con la de los españoles, esta última a su vez fue una mezcla del estilo de vida de los árabes, judíos, egipcios, etc. De allí surge la fiesta de Todos Santos, al designar el clero el primero de noviembre como la fecha para honrar la memoria de los niños y el día 2 de noviembre para los adultos.

"Durante estos días, en preparación para las fiestas, hay mucha alegría en los mercados. La cantidad de flores que se ofrecen es impresionante, por eso a noviembre se le llama el mes amarillo, por las flores. Es además, un mes de fiesta porque el campesino recoge su cosecha, lo cual es otro motivo de celebración", aclara el Dr. Villalobos Rodas.

En Tehuantepec las vendedoras cubren con sus flores amarillas, rojas y moradas prácticamente una de las calles adyacentes al mercado, en tanto que en Juchitán las venden en el parque central. En ambas ciudades la vista se solaza con los colores; la actividad es incesante y son en su mayor parte las mujeres, las que van y vienen con sus brazos cargados de *cempasúchitl* y cresta de gallo.

Al concluír con sus compras en el mercado de la ciudad de Tehuantepec, los compradores contratan, como medio de transporte, el servicio de motocarros de carga ligera, que no son otra cosa que una especie de triciclo motorizado, con una construcción de aproximadamente metro y medio de superficie cuadrada. Las faldas largas de las tehuanas, que van paradas en las casetas de los motocarros, parecen banderas de diferentes colores, que pasan ondeando frente a los cafés ubicados en los portales que rodean el parque principal.

According to Dr. Alfredo Villalobos Rodas, the sincretism of this tradition consists of the blending of two customs—pre-Columbian and Spanish—the latter being also a blend of Arab, Jewish, and Egyptian lifestyles. The tradition of All Saints Day is born and the Church appoints November 1st as the day to honor the memory of deceased children and November 2nd to honor the memory of deceased adults.

"In the anticipation of this celebration, during these days, there is a joyous ambiance at the markets. The quantity of yellow flowers is impressive. For this reason, November is known as the yellow month. It is also a month of festivities, since for the farmers it is a time of harvest which is another reason to celebrate," adds Dr. Villalobos Rodas.

In Tehuantepec, on a street adjacent to the market place, women vendors fill the area with their yellow, red, and purple flowers; in Juchitan, the flowers are sold at the central park. In both cities, the rich colors entertain the senses. There is continuous activity, for the most part the women who come and go with their arms full of *cempasuchitl* and rooster's crest flowers.

After finishing their shopping in the market of Tehuantepec, people use *"motocarros"* as means of transportation, a kind of motorized tricycle which measures approximately five square feet. The Tehuana women travel standing, and their long colorful skirts, like flags wave as they pass by the cafes surrounding the central park.

On the contrary, in Juchitan, transportation is provided by small carts pulled by horses. In both instances during All Saints Day celebration, the main cargo is the bright bundles of flowers which shine under the bright sun.

EVOLUTION OF THE ALTAR

To the Tehuanos, descendants of the Zapotecs, *Xandu Ya*—All Saints—death is not a reason for

En Juchitán, en cambio, el servicio de transporte desde el parque, lo brindan pequeñas carretas jaladas por caballos. En ambos casos la carga principal durante estos días de Todos Santos son los manojos de flores, que brillan bajo el sol intenso de la temporada.

EVOLUCIÓN DEL ALTAR-OFRENDA

Para los tehuanos, descendientes de zapotecos, *Xandu Ya'*—Todos Santos Nuevo—la muerte no es motivo de tristeza, más bien *Xandu Ya'* es motivo de conmemoración en todos los hogares, ya que ofrece la oportunidad de recordar y honrar la memoria de sus antepasados.

Cuando ocurre un deceso durante el año, independientemente del altar tradicional que se pone en esas fechas, se coloca el de Todos Santos Nuevo, un ritual donde todos los miembros de la familia participan. El altar de Todos Santos Nuevo, como

mourning. But rather, *Xandu Ya* is a reason for celebration in all homes, having the opportunity to remember and honor the memory of their ancestors.

Throughout the year, when somebody dies, aside from the traditional altar displayed at this time of the year, an All New Saints altar is also set; a ritual in which all family members play an important role. The All New Saints altar, as previously mentioned, is set up for the relative that died during the current year and at least forty days have passed since his death until October 30th.

On the eve of the celebration, October 31st for the children or November 1st for the adults, friends of the person who is going to prepare an altar gather and offer their support by means of either contributing with the preparation of the tamales, the atole, or by helping with the decoration of the altar. This type of neighborly assistance is called in

mencioné anteriormente, se hace cuando la persona ha fallecido ese año y han transcurrido por lo menos 40 días desde su deceso, contando hasta el 30 de octubre.

Para el arreglo del altar, que se hace en la víspera, ya sea el 31 de octubre para los niños o el primero de noviembre para los adultos, los vecinos acuden a apoyar a quien va a realizar un Todos Santos. Este tipo de ayuda se llama en zapoteca *chagalú* (encontrarse y darse la mano entre todos), que es el acto de compartir, el mismo que se conoce en otros lugares como el tequio del vecino. La aportación que dan los familiares y vecinos puede ser en la elaboración de los tamales, en la preparación del atole o en la decoración del altar.

El 31 de octubre, en la tarde, se organizan las señoras para preparar los tamales y el atole de leche a tempranas horas de la mañana siguiente. Esto es lo que se ofrece a quienes acuden a las casas con su limosna, ya sea el primero o el dos de noviembre.

Mientras algunas personas levantan y decoran el altar, un grupo de señoras muelen el maíz, separan los condimentos y hacen el mole. En la madrugada del día siguiente se reúnen nuevamente para hacer los tamales, poniendo en las hojas de plátano la masa con el pollo y condimentándolos con el mole que fue preparado la noche anterior. De tal manera que para las 9 de la mañana ya todo está listo, justo cuando empiezan las visitas de homenaje póstumo.

El 2 de noviembre es un día de mayor respeto, más ceremonioso, pues se reciben con cierto temor las almas de los muertos grandes. Hasta hace poco los mayores les decían a sus hijos que ese día tenían que andar con mucho cuidado, pues era en el que volvían las almas de los mayores, a convivir con sus parientes.

Zapoteca *chagalu*, a sharing attitude, known in other places as *toque del vecino*.

In the afternoon of October 31st, women gather to make arrangements for the preparations of the tamales and atole de leche (corn starch drink made with milk) for the following morning. Friends and relatives who help and contribute are welcomed with these treats on either November 1st or 2nd.

Several people help with the decoration of the altar, while a group of women grind corn, separate the spices, and prepare the mole. At dawn the following day, the women gather once again to prepare the tamales. They spread the dough on banana leaves and fill them with chicken and mole, which was prepared the previous night. By 9 o'clock in the morning, everything is ready, just in time as visitors start arriving to pay their respect to the deceased.

November 2nd is a day filled with much pomp and circumstance, since the souls of the adult are received with some apprehension. Until recently, parents would tell children to be very careful on this day because the souls of the deceased would be returning to live among the relatives.

In Tehuantepec, the altars take the form of a pyramid, due to their pre-Hispanic roots and the fact that pyramids were the center for religious ceremonies before the arrival of the Spaniards.

The base of the altar is a big table, placed close to the wall with boxes on top forming two steps. From the table to the floor, there are another two steps or levels, a total of five stairs from the floor going up.

The Zapoteca ancestors believed "life was sustained by death," depicted in the altars by the five

En Tehuantepec los altares en homenaje a los muertos se hacen en forma piramidal, esto tiene su origen en las costumbres prehispánicas, ya que las pirámides fueron los principales centros ceremoniales antes de la llegada de los españoles.

El altar tiene como base una mesa grande que se ubica pegada a la pared, sobre ella se ponen cajas formando dos escalones. De la posición de la mesa hacia abajo, también se crean dos niveles, dando un total de cinco. Los antepasados zapotecas creían que "la vida se sostiene por la muerte", lo cual se demuestra en la actualidad en los cinco escalones de los altares del Istmo, que no son otra cosa que la representación del ciclo vital.

El primer nivel representa el nacimiento; el segundo, la vida; el tercero, la muerte; el cuarto, el período de transición y purificación del alma y el quinto nivel, el retorno a una nueva vida. Esta última concepción tiene un significado muy profundo.

Junto a las imágenes religiosas, de la devoción del hogar, se pone la fotografía del difunto a quien va dedicado el altar. Se colocan veladoras en los diferentes niveles y cirios grandes al pie del altar. En el piso se ponen flores en

forma de cruz, repitiéndose así la imagen que durante los nueve días, después de enterrado el difunto, se mantuvo en su casa.

En el aspecto religioso el incienso es imprescindible para incensar a la hora de los rezos, cuando se inicia la ceremonia de velación al pie del altar de

steps, an illustration of life's cycle. The first level represents birth, the second level represents life, death is represented by the third level, the fourth level represents the transition period and purification of the soul, and the fifth, the return to a new life. The last concept has a profound meaning.

A picture of the deceased being honored is placed adjacent to the family's religious images of their devotion. Candle holders are placed in each level and at the foot of the altar are large candles. On the floor there is an arrangement of flowers in the form of a cross, in the same manner as it was done for the nine day vigil after the burial in the home of the deceased.

From a religious perspective, incense is an important item that produces a fragrant scent during prayers as the ceremony begins at the foot of the All New Saints altar. The person in charge of the prayers arrives prepared to guide with expertise through the mysteries of the holy rosary, as relatives and friends of the deceased follow in unison.

"As far as the food is concerned, favorite dishes of the deceased are placed at the altar. If the deceased was a child, his favorite toys and candy are displayed. If the deceased was an adult, along with the food, coconuts and machetes to crack them open, beer, mezcal and cigarettes are included. Originally only tamales and hot chocolate were offered; later alcoholic beverages and cigarettes were added.

Todos Santos Nuevo. La rezadora oficial llega a desgranar entre sus dedos los misterios del santo rosario, acompañada de las oraciones que rezan en coro los familiares y vecinos del ofrendado.

En cuanto a los alimentos, en el altar se deposita lo que más le gustaba al fallecido. Si es para un niño se colocan los juguetes con los que jugaba, al igual que los dulces que le gustaban. Si es en honor de una persona mayor, se incluye la comida, los cocos y un machete para que los parta, cerveza, mezcal y cigarros. Originalmente se colocaban tamales y chocolate, las bebidas alcohólicas y los cigarros se añadieron posteriormente.

LA EXPERIENCIA DE TODOS SANTOS NUEVO

La noche del 31 de octubre, en Tehuantepec, tuve el honor de ser invitada al hogar del Sr. Antonio Santos, para observar y participar de la celebración en homenaje de su nieto, Julio César Valdivieso, fallecido a los 26 años de edad.

En una amplia habitación abierta, a un costado del patio de su casa, cubierta con un techo de palmas en forma de palapa, se reunieron amigos y

familiares. Fueron los hombres los encargados de hacer el armazón del altar, colocando un cortinaje blanco y morado en la pared con un crucifijo colgado en el centro. Una vez hecho el armazón en forma piramidal, las mujeres cubrieron rápidamente los niveles con una tela blanca bordada, agregando en cada escalón papel picado de color lila. Acomodado el papel, colocaron inmediatamente las frutas, los alimentos, panes en forma de roscas y las flores de *cempasúchitl* y cresta de gallo.

THE EXPERIENCE OF ALL NEW SAINTS DAY

The night of October 31 in Tehuantepec I had the honor to be invited to the home of Mr. Antonio Santos to observe and participate in the celebration in honor of his grandchild, Julio Cesar Valdivieso, who died at the age of twenty six.

Relatives and friends gathered in a big open room, covered with palm branches like a palapa, located next to the patio. Men were in charge of making the frame for the altar, placing purple and white drapes on the wall with a crucifix hanging in the center of the altar. Once the frame was in place, the women quickly covered the steps with an embroidered white cloth and lilac tissue paper. Once the paper was in place, fruits, dishes, and wreath-shaped bread were set at the altar, decorated with *cempasuchitl* and rooster's crest flowers.

On the floor, in front of the altar, they placed a basket of fruit, which included bananas and coconuts; on top was a small dish wit pieces of chocolate.

"This is the best time to honor and await the return of our ancestors. Each family who has lost a loved one, undertakes the responsibility to honor their dead as our ancestors used to do it. Our ancestors didn't believe death was the end of life; they had the conviction that the deceased were going to a new life. Therefore, with the meals and favorite belongings of the deceased, they believed the transition would be a happier one. This is why we are happy to celebrate the Day of All Saints—we remember those who preceded

En el piso, frente al altar hicieron un arreglo de una canasta con frutas, cocos, gajos de plátano, poniendo un platillo en la parte superior con algunas piezas de chocolate.

"Ésta es la mejor ocasión para venerar y esperar el regreso de nuestros antepasados. Cada familia que ha perdido un ser querido, siente la obligación de recordarlos como lo hacían nuestros antepasados. Ellos no creían que la muerte es el final de la vida, tenían la convicción de que iban a una nueva vida, por ello con la ofrenda alimenticia y las pertenencias que más le agradaban al fallecido les ayudaban a hacer el tránsito con la mayor felicidad. Es por eso que festejamos con alegría y orgullo el Día de Todos Santos, pues recordamos a quienes nos precedieron", comentó el Dr. Villalobos, quien estuvo invitado en el hogar de Antonio Santos para iniciar la celebración de la velación de Todos Santos Nuevo.

"En esta noche en que estamos en la víspera del reencuentro con nuestros muertos, nos sentimos orgullosos de poderles hacer este homenaje. En nuestras comunidades no existen altares ricos o

us," explained Dr. Villalobos, who was also a guest in the home of Antonio Santos and was asked to introduce the celebration.

"On this night as we await to reunite with the souls of our ancestors, we are proud to be able to offer this tribute. In our community there are no rich or poor altars. All the altars are rich since we offer the best, our love and respect," commented Dr. Villalobos with reverence.

As mentioned previously in Tehuantepec people believe that the souls of the deceased return in the form of a butterfly, in an attempt to be near their relatives. On that night, like a happy coincidence, a black butterfly settled on the palapa roof which didn't go unnoticed by the crowd.

Once the owner of the house introduces the ritual, the Xhuaana (a religious and social neighborhood leader) proceeded to bless the altar. At the end of the ceremony, fireworks were set off and as they reached the sky they open the way home for Julio Cesar's soul, where tokens of love from his relatives and friends were awaiting his return.

pobres, todos los altares son ricos ya que ofrendamos lo mejor para ellos: nuestro amor y nuestro respeto", comentó con encomio el Dr. Villalobos.

He mencionado en párrafos anteriores, que en Tehuantepec se cree que las almas de los fallecidos regresan como mariposas, acercándose así a sus familiares. Esa noche, como feliz coincidencia, en el techo de la palapa se posó una mariposa negra, a la cual hicieron alusión los concurrentes.

Concluída la introducción del ritual por parte del dueño de la casa, se procedió a la bendición o incensada del altar, acto que lo llevó a cabo el *Xhuáana* o principal del barrio y casi al finalizar se escucharon los cohetes, elevándose al espacio, para abrir paso al alma de Julio César, en su regreso a este plano terrenal, donde le esperaban las demostraciones de amor de su familia y amigos.

A la incensada siguió la música de un dueto, como parte de la tradición del velorio. Los cantantes entonaron las canciones tradicionales del Istmo, iniciando con "La Llorona", a la que siguieron canciones como "La Sandunga", "La Pepenera", etc.

Mientras esta ceremonia especial se llevaba a cabo, un grupo de señoras preparaba el mole con el que se condimentarían los tamales en la madrugada del día siguiente.

Antes de comenzar los rezos de la velación, la hospitalidad en casa de don Antonio Santos se puso de manifiesto al brindar a todos los invitados un plato de caldo, ofreciendo también a los hombres una copita de mezcal.

Terminado el reparto de la comida, las señoras se reunieron alrededor del altar para rezar el rosario, en tanto que se formaban pequeños grupos donde no faltó quien narrara una leyenda. Se contó el caso de un hombre que no creía en el significado de los altares, pues para él no tenía ningún valor esta tradición. La noche de Todos Santos, en lugar de hacer el que le correspondía en memoria del alma de su madre, se embriagó. Camino a su casa, vio que iban las almas de los muertos de regreso a su lugar de descanso, llevando sus ofrendas, frutas y panes; en el grupo de almas distinguió la de su madre que cargaba una piedra. Se comentó que hasta la borrachera se le quitó

As part of the vigil, music was provided by a duo after the incense was burned. Traditional melodies of the Isthmus were sung, starting with "La Llorona," followed by "La Sandunga," "La Pepenera," and others.

While this special ceremony was taking place, a group of women were preparing the mole for the tamales that were going to be made at dawn.

Before beginning the prayers of the vigil, Antonio Santos extended his hospitality, inviting all those who were present for a bowl of soup. In addition, he gave the men a small glass of mezcal.

After the meal was served, the women gathered around the altar to pray the rosary. Small groups gathered, and someone would render a story. A story was heard of a man who didn't believe in the meaning of the altars; and from his point of view, the tradition was meaningless. On the night of All Saints, instead of carrying the tradition to honor the memory of his mother's soul, he became intoxicated. As he returned to his home, he saw the souls of the deceased carrying their fruit and bread, and his mother's soul was carrying a stone. He sobered up and ran home to build an altar for his mother's soul, but the date of the celebration had already passed. Seventy-two hours later, the unbeliever died.

This kind of legend reaffirms the tradition of All New Saints Day celebration, which is just a way of paying respect to the deceased, a combination of happiness and solemnity in the home. It is also an opportunity to share a feeling of solidarity among the members of the community, an essential component to any human being.

THE BIQUIE: A ZAPOTEC TRADITION

Many people in this region hold fast to the Zapotec tradition of having the *biquie* (pronounced "beeg") in place of the pyramidal altar. The *biquie* is the offering or cross made of flowers and fruit, which is decorated with *pan de muerto*.

The traditional *biquie*, or cross, extends from the floor up to the ceiling, since in some homes the branches of the entire banana plant may reach the tiles of the roof (the homes don't have ceilings), of the living room.

al individuo y que corrió a hacer el altar en su casa, pero ya había pasado la celebración y lo que sucedió fue que a las 72 horas falleció el incrédulo.

Estas leyendas reafirman las costumbre de la celebración de Todos Santos Nuevo que no es otra cosa que un homenaje póstumo al fallecido, en una mezcla de solemnidad y alegría en el seno de su hogar. Es, a la vez, la reafirmación del sentimiento de amistad tan necesario en el ser humano, al contar con el apoyo de los miembros de su comunidad.

TRADICIÓN ZAPOTECA: EL BIQUIE'

En esta festividad muchas personas de la región, mantienen la tradición zapoteca de hacer el *biquie'*, en lugar del altar en forma piramidal. El *biquie'* es la ofrenda o cruz tradicional de flores y frutas, que se decora con pan de muertos.

El tradicional *biquie'*, va desde el suelo hasta el techo, pues en algunos casos las ramas de la planta entera del plátano se extienden hasta tocar las tejas de la habitación.

The decoration on the *biquie* can be exuberant in the arrangement of flowers, fruits, and candles, displaying an altar rich in Zapoteca tradition. The *biquie* extends covering practically the whole area of the living room. In front of the altar there is an arch made of two banana plants which almost creates a small room due to their size. Different types of fruits decorate the cross and are intertwined with *cempasuchitl* flowers, wreath-shaped bread, and coconuts.

The drapes used on the background of the pyramidal altars are black, purple, or white in color. In the *biquie* the background wall is covered with plants, vegetables, fruits, and bread especially made for the occasion. Each family placed their order at the bakery, and the name of the deceased is inscribed on the bread.

Thus on the *biquie*'s green background of vegetation, brown pieces of bread in the shape of squares and rectangles stand out. White caramel is used to write the name of the deceased on each piece of bread. Between the arch and the "background

Con el *biquie'* se hace un despliegue de buen gusto y abundancia en la forma como se colocan las flores, frutas y veladoras, éste es un estilo diferente y de mayor arraigo zapoteca. El *biquie'* prácticamente ocupa todo el espacio de la sala, creando una especie de habitación rectangular, enmarcada por un arco formado por las hojas de dos plantas de plátano. Sobre los racimos se agregan frutas y se entretejen flores de *cempasúchitl*, agregando roscas y cocos.

Los altares piramidales llevan en el fondo cortinajes blancos, morados o negros, en cambio, el fondo de los *biquie'* —una especie de pared—, está "tapizada" con plantas, vegetales y frutas, de la cual se cuelga el pan que fue enviado a hacer especialmente para la ocasión. Cada familia lo encarga por separado a una panadería, donde se los entregan con el nombre del fallecido.

Así, sobre el verde de la vegetación del *biquie'* resaltan estos panes cuadrados y rectangulares, de color café, que llevan escrito con una mezcla de caramelo blanco, el nombre de la persona a quien

wall," a picture of the deceased is put in and placed at ground level, surrounded by candles, sodas, fruits, and tamales without husks for the soul to be nourished by its aroma. Behind the arch there is a table with a white tablecloth; on top of which is a variety of fruits and candles.

Behind the *biquie* is the traditional altar of the house, with the images of the virgin and favorite family saints, also decorated with fruits, flowers, bread, and candles. Generally speaking, when a reference is made in regards to the religious syncretism in Mexico, it is the presumption that the gods of ancient times are still present behind the images of the saints. The opposite applies in this case. Behind the *biquie*, which represents the Zapoteca culture, are the religious images of the Catholic cult.

THE TABLE FOR DONATIONS

Jorge Rodriguez Ortiz, researcher of the oral Zapoteca tradition and Don Melesio Ortega Martinez, Director of Education of the City Council of Tehuantepec,

se le rinde el homenaje póstumo. Entre el arco y la "pared" se coloca en primer plano, sobre el piso, la fotografía del fallecido, rodeada de velas, bebidas gaseosas, frutas y tamales abiertos para que el alma se nutra con el aroma de ellos. Más atrás, se coloca una mesa cubierta con un mantel blanco y sobre la que se agregan diferentes clases de frutas y veladoras.

Detrás del *biquie'* está el altar tradicional de la casa, con las imágenes de santos y vírgenes de la devoción de la familia, decorado también con frutas, flores, panes y veladoras. Generalmente cuando se habla del sincretismo religioso en México, se menciona que todavía están presentes los dioses de la antigüedad detrás de las imágenes de los santos. En este caso es al revés, detrás del *biquie'*, que representa la cultura zapoteca, está el altar con las imágenes del culto católico.

informed me that before the day of the celebration, a table is in place for donations, a contribution to help with the expenses for tamales and atole.

The women record on a notebook the names of the people who make a contribution, since they reciprocate this gesture. It is important to make note of those people who helped them so that when the time comes and they need help, they will make sure to be there for them.

A home celebrating All New Saints Day is recognized by the arch at the entrance of the house. The arch is made of banana plants decorated with flowers and sometimes with coconuts. Visitors enter and greet the owner of the house. The men stay in the patio while the women go inside. Very discreetly, in a handshake, women present in a handkerchief a monetary donation. Afterwards they sit close to the relatives to participate in the vigil in honor of the

LA MESA DE LA LIMOSNA

El Lic. Jorge Rodríguez Ortiz, investigador de la tradición oral zapoteca, junto con don Melesio Ortega Martínez, Director de Educación del H. Ayuntamiento de Tehuantepec, indican que para que tenga lugar el obsequio del tamal y el atole de leche, previamente en el hogar del fallecido se dispone una mesa para la limosna.

Las señoras se sientan con un cuaderno para llevar un enlistado de las personas que cooperan, ya que esto es recíproco. Ellas mantienen este control para saber quién llegó a ayudarlas, pues harán lo mismo cuando les toque retribuir lo recibido.

Al llegar a una casa donde hay Todos Santos Nuevo —se reconoce por un arco de hojas de plátano colocados a la entrada de la casa, del cual cuelgan flores y a veces hasta cocos—, los visitantes se acercan al dueño de la casa a saludarlo. Los hombres se quedan en el patio, en tanto que la señora entra hasta la habitación donde está la dueña de la casa y le entrega, en forma muy discreta en un apretón de manos, un pañuelo con una pequeña cantidad de dinero y se sienta, junto con los familiares a "velar" al difunto. Es casi como si el cuerpo del fallecido estuviese presente y la conversación generalmente alude a la persona fallecida, su enfermedad, al mismo tiempo que se comenta y admira el altar o *biquie'*.

Al marcharse, la señora que entregó su limosna recibe en un plato dos tamales, un pan y una jarrita de atole y así pasan el día, visitando diferentes casas y recibiendo tamales y atole.

Aunque la limosna es parte de la tradición, eso no quiere decir que todas las personas estén obligadas a hacer una contribución económica. Si alguien no cuenta con el dinero puede entrar a las casas y acompañar a los familiares. Es tradicional recibir al visitante con gratitud y ofrecerle un tamal para que lo coma allí.

Todos Santos en la ciudad de Tehuantepec y en toda la región del Itsmo es una tradición que sirve para que esta cadena de sentimientos compartidos no se acabe. Se perderá el eslabón entre las generaciones, pero la tradición queda para honrar la memoria de los familiares y seres queridos que ya se fueron.

deceased. It is almost as if the body of the deceased was still present; the conversation centers around memories of the loved one and their illness. The altar or *biquie* is also mentioned with admiration in conversations.

As visitors leave, the women who made a contribution are given a small plate with two tamales, a piece of bread, and a little jug of atole. They continue visiting other homes, receiving tamales and atole.

Although the contribution is part of the tradition, it does not mean everybody has to contribute. If a person doesn't have money, that individual can also visit the home and accompany the relatives. As a symbol of gratitude, it is a tradition to welcome the visitor with a tamale to eat during the Vigil.

The celebration of All Saints Day in Tehuantepec and throughout the Isthmus region, helps maintain the succession of camaraderie, keeping alive the tradition. And although a link between generations may be lost, the tradition stays alive to honor the memory of relatives and loved ones who have departed.

THE XHUAANA OR NEIGHBORHOOD LEADER

Tehuantepec is made up 15 neighborhoods. There is a church in each neighborhood, and the leader, *Xhuaana* (pronounced "zhooana") is in charge of paying the water and electricity bills and is the mediator among members of the church. During his term, which lasts a year from January 1st through December 31st, he is zealous about his position. He "polices" neighborhoods, ending fights between neighbors and mediating arguments. This is an important position within the social strata in the community and in the church. Although his term only lasts a year, he holds the title of ex-*Xhuaana* for the rest of his life.

The *Xhuaanas* belong to a very strong brotherhood. When one of them dies, they receive a special tribute. During the vigil, the rest of the *Xhuaanas* mount guard all night, and the bells from

EL XHUÁANA O PRINCIPAL DEL BARRIO

Tehuantepec se compone de 15 barrios; en cada barrio existe una iglesia y cuida de ella un principal o *Xhuáana*, quien está a cargo de pagar la luz, el agua y mantener en buen término las relaciones entre los miembros de la parroquia. Durante el año que dura su mandato, que va del primero de enero al 31 de diciembre, ejerce su cargo con mucho celo, recorriendo el barrio, solucionando pleitos entre vecinos, interveniendo en disputas, etc. Su posición dentro del núcleo social y religioso es muy importante y aunque su mandato termina el 31 de diciembre su posición como ex *Xhuáana* dura toda la vida.

Los *Xhuáanas* forman una hermandad muy fuerte. Cuando uno de ellos fallece, se le rinde un homenaje especial. Durante su velación los demás *Xhuáanas* le hacen guardia de honor toda la noche, mientras las campanas de la iglesia repican con seis toques especiales, y en el momento de sepultarlo, los compañeros forman dos líneas especiales desde su casa hasta el cementerio.

the church toll with six special chimes at the time of burial. His fellow comrades form two special lines from the deceased's house to the cemetery.

In my last visit to Tehuantepec, I witnessed a celebration in honor of a *Xelaxhuaana*, the wife of a neighborhood leader. She had passed away during the forty-day time period which allowed a tribute in her memory. The wives of the neighborhood leader gather on November 2nd to honor her memory with a pyramidal altar.

The religious ceremony began with the prayers of the lady in charge. The *Xelaxhuaanas* sat in a semicircle around the altar, dressed in their typical dress of mourning, praying Holy Marys in unison. Two *Xhuaanas* perform the blessing of the altar with incense. One of the *Xhuaana* while kneeling approaches both ends of the altar with burning incense, making the sign of the cross and covering the area with a shroud of smoke in murmured prayers. After the prayers and the burning of the incense, the women

Durante mi visita a Tehuantepec observé la celebración en honor de una *Xelaxhuáana*, esposa de un principal. Fallecida dentro del lapso que la costumbre indica para hacer el homenaje, sus compañeras se reunieron el 2 de noviembre, para honrar su memoria con un altar en forma piramidal.

La ceremonia religiosa se inició con la voz de la rezandera elevándose en el silencio de la habitación. Las *Xelaxhuáanas*, sentadas en una especie de semi círculo alrededor del altar, vestidas con sus trajes tradicionales de luto, contestaban en coro las Aves Marías. Al terminar las oraciones, dos *Xhuáanas* realizaron la bendición del altar, con el incienso. Esta ceremonia la celebró uno de los *Xhuáanas* arrodillado, elevando y bajando el incensario en forma de cruz, acercándose a los dos extremos del altar y cubriendo con un manto de humo y oraciones recitadas en voz baja, toda el área. Al terminar esta ceremonia, las señoras formaron una fila para acercarse, una por una, a tocar respetuosamente la fotografía de la fallecida o una parte del altar.

CELEBRACIÓN DE TODOS SANTOS NUEVO EN LOS CEMENTERIOS

Este aspecto de la celebración varía según los lugares. El cementerio del Puerto de Salina Cruz se convierte en una verdadera feria la mañana del 2 de noviembre, pues dentro del panteón, se colocan desde temprano los vendedores ambulantes de comida y los músicos que esperan ser contratados para ir a tocar al pie de las tumbas.

Salina Cruz es un puerto que ha crecido muy rápidamente en los últimos años. Su población procede de diferentes partes de México, por ello en el cementerio se nota esta diversidad en el diseño de las tumbas, al igual que en las cruces que las adornan.

Sin embargo, no deja de ser una fiesta dedicada a los muertos, en donde la música de banda, de duetos y tríos se escucha en diversas partes del camposanto.

form a line to approach the altar and to respectfully touch the picture of the deceased or to touch the altar.

ALL NEW SAINTS CELEBRATION AT THE CEMETERIES

This part of the celebration varies according to the region. The Puerto de Salina Cruz cemetery turns into a fair at dawn on November 2nd. Early in the morning food street vendors set their stands while the musicians wait to be hired to play at the gravesites.

Salina Cruz is a port that has grown rapidly in the last few years. Its inhabitants have come from different parts of Mexico, which is apparent in the variety of the designs on the tombs and the arrangement of the crosses in the cemetery.

Nevertheless it is still a celebration to honor the dead, where different types of music from banda to duetos or trios is heard in different parts of the cemetery. The Salina Cruz cemetery is beautiful. The vegetation stands out, and the deep green color serves as background to the yellow color of the *cempasuchitl*, rooster's crest and the *cocoyol*. The *cocoyol* is the flower of a palm tree, beige in color, and grows inside of a brown funnel. As it opens up, there is a flower with long branches and a delicate perfume. These flowers are used by relatives of the deceased to make fragile arrangements to place on the tombs.

In the city of Tehuantepec, there are two cemeteries, Refugio and Dolores. The Refugio cemetery has very old graves and mausoleums with engraved names of foreigners. Many of the graves have the names of people who helped in the construction of the railroad and later stayed in Tehuantepec.

At the heart of Refugio cemetery, there is a beautiful mausoleum, neoclassical and majestic style where the remains of doña Juana Catarina Romero rest. On each side of the mausoleum the remains of family members are buried. Doña Juana Catarina Romero was a

El cementerio de Salina Cruz es hermoso, la vegetación se destaca con un verde intenso, en el que el *cempsúchitl* amarillo y la cresta de gallo roja son alternados con el *cocoyol*. Esta última es una flor de palmera, de un tono beige que crece dentro de una especie de embudo largo, color café y que al abrirse entrega esta flor de ramas largas y perfume suave, que los familiares colocan sobre las tumbas formando diseños muy delicados.

En la ciudad de Tehuantepec existen dos panteones: el del Refugio y el de Dolores. En el primero se destacan tumbas y mausoleos muy antiguos con nombres de extranjeros. Muchos de ellos fueron personas que participaron en la construcción del ferrocarril y que luego se quedaron a vivir en Tehuantepec.

En el centro del panteón del Refugio se destaca un hermoso mausoleo, estilo neo-clásico, sobrio, donde descansan los restos de doña Juana Catarina Romero y en el que hay criptas a los costados con miembros de su familia. Doña Juana C. Romero fue benefactora de Tehuantepec, ella nació en 1837, creciendo en una época convulsiva, cuando se estaba conformando el movimiento de independencia. Fue una mujer muy lista, muy capaz, que aprendió a leer y escribir después que cumplió los 30 años de edad. Sola superó dificultades económicas hasta llegar a hacer una fortuna y se la recuerda como una persona muy leal al gobierno de don Porfirio Díaz; en su época impulsó la educación, falleciendo en 1915. Su nombre despierta sentimientos de admiración, lo cual fue demostrado el 2 de noviembre por las personas que se acercaban en forma reverente a mirar el interior del mausoleo abierto.

Al atardecer, comienzan a llegar los familiares al otro panteón, el de Dolores. El ir y venir de las mujeres en particular, es constante, sus faldas largas de tonos llamativos se destacan entre los colores de las flores que adornan las tumbas.

En varias ciudades del Istmo, la velación propiamente en los cementerios no se realiza sino hasta la Semana Santa. En Tehuantepec, el Viernes Santo van los familiares a acompañar a sus fallecidos durante toda la noche. En las capillas de los cementerios se celebran misas y la música, como siempre, los acompaña en sus vigilias.

benefactor of Tehuantepec; where she was born in 1837. She grew up in difficult years, since the independence movement was gaining popularity.

She was a bright woman. She learned to read and write after her 30th birthday. Alone, she worked hard and overcame financial difficulties, and was able to build a fortune. Doña Juana was considered a very loyal supporter of don Porfirio Diaz. She was an advocate for education and died in 1915. She is remembered in high esteem, which was quite apparent as people approached to see the interior of her mausoleum on November 2nd.

Late in the afternoon relatives of the deceased arrive to Dolores' cemetery. The coming and going of women is constant; dressed in long skirts of rich colors they stand out amid the color of the flowers that decorate the tombs.

Many cities in the Isthmus don't celebrate this tradition in the cemeteries until Holy Week.

In Tehuantepec, on Good Friday, relatives of the deceased visit the cemeteries and hold an all-night vigil. In the chapels of the cemeteries, masses are

Cualquiera que sea la fecha en que se visiten a los cementerios, ya sea para el día de Todos Santos para dejar las ofrendas de flores o para Semana Santa, es casi seguro que al acercarse a las puertas de los panteones, sus familiares no dejarán de sentir profundamente la misma añoranza que el escritor tehuantepecano, Ignacio García Cuevas, plasmó en su poema que dice:

Hace tiempo que no la veo,
hace tiempo que no la visito,
desde el último día
en que fui a su tumba
a llevarle flores.

Ayer tomé el camino grande
que va al camposanto
y me percaté de cuán grande
e innolvidable es su recuerdo.

Hace tiempo que no la veo
hace tiempo que no la visito.

celebrated as the music accompanies the Tehuanos during their vigils.

Whatever the day in which one visits the cemetery, either on All Saints Day to place offerings of flowers or on Holy Week, as the relatives get close to the cemetery doors without a doubt, the words of a poem written by Ignacio Garcia Cuevas will echo in their minds:

It has been so long since I have seen her,
it has been so long since I have visited her,
since the last day
I went to her tomb
to bring her flowers.

Yesterday I took the long road
to the cemetery
and I realized how profound
and unforgettable is her memory.

It has been so long since I have seen her,
it has been so long since I have visited her.

El Altar de Todos Santos Nuevo y *Biquie'*

El Altar de Todos Santos Nuevo y el *Biquie'* representa una manifestación de respeto y amor a la memoria de los muertos, su propósito es atraer sus espíritus. Consiste en obsequiar a los difuntos que regresan ese día a convivir con sus familiares, con alimentos y objetos preferidos por ellos en vida para que vuelvan a disfrutarlos durante su breve visita.

En el altar no debe faltar la representación de los cuatro elementos primordiales de la naturaleza:

Tierra, representada por sus frutos que alimentan a las ánimas con su aroma.

Viento, representado por algo que se mueva, tan ligero como el viento, empleándose generalmente papel picado o el papel de china.

Agua, un recipiente para que las ánimas calmen su sed, después del largo camino que recorren para llegar hasta su altar.

Fuego, una vela por cada alma que se recuerde y una por el alma olvidada.

En la ofrenda también se coloca sal que purifica, copal para que las ánimas se guíen por el olfato, flor de *cempasúchitl* que se riega desde la puerta hasta el altar para indicar el camino a las almas, así como un petate al pie del altar para que las ánimas descansen después de su largo recorrido de regreso al hogar, donde siempre hay alguien de la familia esperando la llegada de ellas para demostrarles su respeto con su compañía.

The All New Saints Altar and the Biquie

The All New Saints Altar and the *Biquie* is a demonstration of love and respect in memory of the deceased with the purpose of welcoming back their spirit. On this day the deceased who return to be near their relatives are given gifts of favorite foods and treasured items for their enjoyment during their brief visit.

In the altar to the deceased, the four main elements of nature—earth, wind, water, and fire—must be present.

Earth—represented by the crop. It is believed that the souls are fed by the aroma of the harvest.

Wind—portrayed by a moving object as swift as the wind. Cut tissue paper is commonly used to represent the wind.

Water—placed in a container for the soul to quench its thirst after a long journey to reach the altar.

Fire—a wax candle for each soul that is being honored and another one for all the souls that have been forgotten.

The following items are also placed on the altar: Salt for purification, copal to guide the souls with its aroma and *cempasuchitl* flowers which are dispersed along the entrance of the house, making a path towards the altar. In addition, a mat is placed at the foot of the altar for the souls to rest after their long journey home, where there's always a family member awaiting their arrival to pay homage with their companionship.

Recipes

RECETAS PARA LA OFRENDA-ALTAR DE TODOS SANTOS NUEVO O *BIQUIE'*

Atole de Fruta

Ingredientes

2 1/2 litros de leche
1/2 kilo de azúcar
1 kilo de la fruta designada
1 raja de canela
1/8 de cdta. de bicarbonato
100 grs. de fécula de maíz

Elaboración

Se lava, parte y cuece la fruta en agua, se licúa, se cuela y se agrega a la leche con el bicarbonato y azúcar. Se disuelve la fécula en una poca de agua y se añade a la leche. Se pone al fuego bajo hasta que espese, sin dejar de mover. Si le falta azúcar añádala antes de que hierva (según sea el dulce de frutas).

Dulce de calabaza

Ingredientes

3 kilos de calabaza de castilla en trozos y con cáscara
2 kilos de piloncillo (moreno de preferencia)
6 cañas lavadas y cortadas en tiritas
3 naranjas partidas, sin semillas y con cáscara
4 guayabas partidas
1/2 kilo de tejocotes
1 raja de canela
6 ó 7 pimientas gordas
8 clavos de olor

Preparación

En una cacerola, olla o cazuela se colocan los trozos de calabaza con la cáscara hacia abajo, así como la fruta y las especies, al final el piloncillo. Se pone una media taza de agua y se coloca al fuego bajo por 1 hora y media. Se deja enfriar y se sirve con un vaso con leche fría.

RECIPES FOR THE ALTAR-OFFERING, THE ALL NEW SAINTS DAY OR *BIQUIE*

Fruit Atole *(Hot drink made from corn starch and fruit)*

Ingredients

10 cups milk
1/2 lb. sugar
2 lbs. selected fruit
1 stick cinnamon
1/8 tsp. baking soda
1 cup corn starch

Preparation

Wash, cut, and cook the fruit in water. Drain and transfer to a blender. In a saucepan, combine the strained fruit, milk, sugar and baking soda. Dissolve the corn starch in some water and combine it with the rest of the ingredients. Set the mixture over low heat, stirring constantly until it thickens. Add sugar to taste before mixture begins to boil.

Pumpkin Candy

Ingredients

6 lbs. pumpkin (cut in big pieces with rind)
4 lbs. molasses (if sugar cane candy is not available)
6 sugar canes (washed and juliened)
3 oranges (cut with rind)
4 guayabas (cut into pieces)
1 lb. tejocotes (optional, if available)
1 stick cinnamon
6–7 large, sweet peppercorns
8 cloves

Preparation

In a large deep sauce pan place the pumpkin pieces with the skin-side toward the heat, add the fruit and spices, and then the molasses or sugar cane candy. Combine with a 1/2 cup of water and simmer over low heat for an hour and a half. Let the mixture cool and serve with a glass of cold milk.

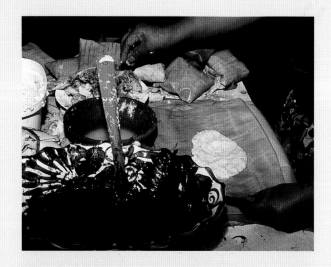

Mole negro con pollo para los tamales

Ingredientes

2,500 grs. de pollo
300 grs. chile ancho
250 grs. chile guajillo
200 grs. chilguacle
1 cabeza de ajo
200 grs. cebolla
300 grs. ajonjolí
300 grs. pacitas
300 grs. almendras
1 pieza pan frito
1 kilo de chocolate
50 grs. de canela
5 kilo de jitomate
aceite
sal
1 rollo hierbas de olor
20 grs. consomé granulado

Black Mole with Chicken for tamales

Ingredients

5 lbs. chicken
8 cups water
1 garlic clove
1/2 onion
1 Tbs. salt
Sauce:
9 oz. chiles anchos, seeds and membranes removed
8 oz. chiles guajillo, seeds and membranes removed
6 oz. chiles chilguacle, seeds and membranes removed
6 oz. onion
9 oz. sesame seeds
9 oz. raisins
9 oz. almonds
1 piece french bread
2 lbs. chocolate
1 1/2 stick cinnamon
10 lbs. tomatoes

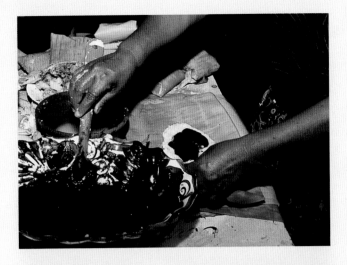

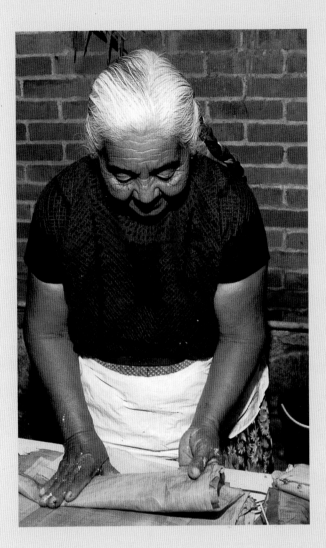

Preparación

Se lava el pollo, se lo pone a cocer con el ajo, la cebolla y la sal, cúbralo y que se cocine por una hora, a fuego mediano, hasta que esté listo. Separar las presas y guardar el caldo.

Para hacer la salsa se calienta 2 cucharadas de aceite en una olla, se añaden los chiles anchos, pasillas y guajillos y se los refríen de 1 a 2 minutos. Ponerlos luego en otra olla, cubriéndolos con agua caliente y dejándolos remojar por 30 minutos. Sacarlos y ponerlos en una licuadora donde se los mezclará hasta que queden en punto de puré, poniéndolos luego a un lado.

Tostar el tomate. Pelarlo y ponerlo en la licuadora hasta que esté hecho puré y guardarlo.

En la misma olla donde se refrieron los chiles, refreír el ajo y la cebolla por 2 a 3 minutos. Ponerlos en la licuadora. En la misma olla refría las almendras por cinco minutos, añada el clavo y pimienta de olor, la canela, pan y el anís y se fríen por 3 minutos más. Ponerlo en la licuadora, añadir las pasas y hacerlo puré.

1 Tbs. sugar
8 whole cloves
4 black peppercorns
1/2 tsp. aniseed
chicken stock
salt to taste

Preparation

Rinse the chicken. Place it with water, garlic, onion and salt in a large pot or Dutch oven, bring to a boil; cover and simmer over medium heat for 1 hour or until the chicken is tender. Drain, reserving the stock, and set aside.

To make the sauce, heat 2 tablespoons of the oil in a skillet, add the chiles anchos, pasillas and guajillos and saute for 1-2 minutes. Transfer to a bowl, cover with hot water and soak for 30 minutes. Drain, transfer to a blender and puree. Set aside.

Roast the tomatoes. Peel the tomatoes, transfer to a blender, and puree. Set aside.

Caliente una taza de aceite en una olla grande. Combine todos los purés, añádalo a en la olla y hiérvalo por cinco minuto, moviendo constantemente. Añada el chocolate y la azúcar, moviendo constantemente. Cuando la mezcla comience a hervir, añada el contenido de 4 tazas del caldo de pollo. Cúbralo y cocine a fuego lento por 20 minutos. Añada sal y especies al sabor. Si la salsa sale muy espesa añada más caldo de pollo.

Añada los pedazos de pollo, cúbralo y cocine por 10 minutos. Mientras tanto tueste las semillas de ajonjolí en una olla pequeña a fuego mediano.

Sirva el pollo con la salsa de mole cuando esté caliente y ponga encima las semillas de ajonjolí.

Forma de preparar la masa para la elaboración de los tamales:

En Oaxaca la masa se prepara de la forma tradicional. Se pone a cocer el maíz con cal para hacer el nixtamal. Se lleva el nixtamal al molino para hacer la masa, a la que se le agrega manteca de puerco y sal al gusto, se mezclan perfectamente y listo. En los Estados Unidos se puede comprar la masa ya preparada en mercados que venden productos mexicanos. En Oaxaca se utilizan de dos a tres hojas de plátano para envolver el tamal. Sobre las hojas se coloca la masa, luego el pollo y se cubre con la salsa de mole.

Las oaxaqueñas tienen el arte de saber cómo doblar las hojas de plátanos para evitar que el contenido se riegue.

Se ponen a cocer en una vaporera por dos horas.

In the same oil in which you sauteed the chiles, saute the onion and garlic for 2-3 minutes. Transfer to a blender. In the same oil, saute the almonds for 5 minutes. Add the cloves, peppercorns, cinnamon, bread and aniseed and saute for 3 more minutes. Transfer to the blender, add the raisins and puree.

Heat the cup of oil in a large pot or Dutch oven. Stir all of the purees together, add to the pot and boil for 5 minutes, stirring constantly. Add the chocolate and sugar, stirring constantly. When the mixture comes to a boil, add 4 cups of the chicken stock. Cover and cook over low heat for 20 minutes. Add salt and seasonings to taste. If the sauce is too thick, add more stock.

Add the pieces of chicken, cover and cook over medium heat for 10 minutes. Meanwhile, toast the sesame seeds in a small skillet over medium heat until they are golden. Serve the chicken mole hot, sprinkled with the sesame seeds.

How to prepare the dough for the tamales:

In Oaxaca the dough for tamales is made the traditional way; to begin, corn is cooked with lime for the nixtamal. Then the nixtamal is taken to the mill where the corn is ground and thus the tamale dough is made. Here in the United States one can easily find a pre-prepared tamale dough in stores that sell Mexican products.

To the dough just add pork fat and knead well. Overlapping layers of banana leaves are used to wrap the tamale. First place the dough, then the chicken and cover with the mole sauce. The tamale is then placed in a steamer for two hours.

The Oaxacan women know the art of folding the banana leaves so that the content of the tamale do not spill out.

The tamales are then cooked in a steam bath for 40 to 45 minutes.

Fotografías

Portada:
Doña Juana Lázaro Montañez, zapoteca de los Valles Centrales, arreglando una tumba en el cementerio de Teotitlán del Valle.

Contra portada:
Superior izquierda: Vigilia en el cementerio de Salina Cruz, Tehuantepec.
Superior derecha: Vigilia en el cementerio de Xoxocotlán.
Inferior: Biquie' en honor a la memoria del pintor Jesús Urbieta, Juchitán.

Páginas 4 y 5: Isabel Pérez, de Juchitán, vendiendo flores.

Página 6: Fuente de las Siete Regiones, ciudad de Oaxaca.

Página 8: Venta de veladoras, mercado de Juchitán.

Página 9: Tumba decorada en el cementerio de Xoxocotlán.

Página 10: Niño con flores en el cementerio de Dolores, Tehuantepec.

Páginas 12, 17, 25: Tapetes hechos con flores y arena pintada de diferentes colores. Ciudad de Oaxaca.

Página 13: Una niña mira a través de los panes de muerto que se venden en el mercado 20 de Noviembre, de la ciudad de Oaxaca.

Página 15: Vendedora de pan de muerto, mercado de Tlacolula.

Página 16:
Centro: Velación en el cementerio de Xoxocotlán.
Inferior izquierda: Vendedoras en el mercado de Tlacolula.

Página 19:
Centro: Concurso de altares en la ciudad de Oaxaca.
Superior derecha: Tejedora de cestas de palma, que se usan como parte de la decoración en los altares de algunas regiones de Oaxaca.
Centro izquierda: Participantes de la comparsa de Día de Muertos en Etla.
Inferior derecha: Los motocarros de Tehuantepec llevan a dos señoras del mercado a sus casas.

Photographs:

Cover:
Doña Juana Lazaro Montañez, Zapoteca woman from the Central Valleys, decorating a tomb in the cemetery of Teotitlan del Valle.

Back cover:
Top left: Vigil at the cemetery of Salina Cruz, Tehuantepec.
Top right: Night vigil at the cemetery of Xoxocotlan.
Lower: Biquie in honor of the painter Jesus Urbieta, Juchitan.

Pages 4 and 5: Isabel Perez of Juchitan, selling flowers.

Page 6: Fountain of the Seven Regions, city of Oaxaca.

Page 8: Selling candles, Juchitan market.

Page 9: Decorated tomb in the cemetery of Xoxocotlan.

Page 10: Boy with flowers, cemetery of Dolores, Tehuantepec.

Pages 12, 17, 25: Tapestries on the streets of the city of Oaxaca, done with flowers and sand painted with different colors.

Page 13: A girl looks through the bread of the dead that are sold at the 20th of November market in the city of Oaxaca.

Page 15: Seller of bread of the dead, Tlacolula market.

Page 16:
Center: Vigil in the cemetery of Xoxocotlan.
Lower left: Women sellers in the Tlacolula market.
Lower: Cemetery of Dolores, Tehuantepec.

Page 19:
Center: Contest of altars in the city of Oaxaca.
Top right: Kniting with palm leaves some items that are used as part of the altar decorations in some regions of Oaxaca.
Center left: Participants of the celebrations in Etla.
Lower right: Motorcars of Tehuantepec taking two women to their homes.

Página 20: Daniel Vásquez Aragón rinde homenaje, con música, al alma de su madre, Francisca Vásquez sepultada en el cementerio de Zaachila.

Página 22: Altar en la pequeña capilla del cementerio de Matatlán.

Página 23:
Centro: Variedad de flores usadas en los altares y en los cementerios. Destacan el *cempasúchitl* y la cresta de gallo.
Inferior: Artesanía de madera alusiva a la celebración.

Página 24: Zapoteca de los Valles Centrales recorre el mercado de Tlacolula llevando sus flores de *cempasúchitl.*

Página 26: Altar en la casa de la familia Martínez, en Teotitlán del Valle.

Página 27:
Superior: Doña Juliana Martínez con su ofrenda de pan, Teotitlán del Valle.
Inferior: Altar con el que participan estudiantes en el concurso de altares en la ciudad de Oaxaca.

Página 29: Altar levantado en uno de los parques de la ciudad de Oaxaca.

Página 30: Tumbas decoradas en el cementerio de Matatlán. Las cabeceras se convierten en pequeñas capillas con la foto del fallecido, flores y veladoras.

Página 31: Altar en honor de doña Juana Ruiz de Blanco, Atzompa.

Páginas 32 y 33: Celebración nocturna, el 1 de noviembre, en el Panteón San Miguel de la ciudad de Oaxaca. En el centro la sinfónica de la ciudad interpreta música clásica. Tanto a la izquierda como la derecha se ven imágenes de los nichos iluminados, frente a los altares.

Página 34: Un niño de Teotitlán del Valle, escondido entre cruces y flores, contempla a sus padres decorar las tumbas de sus familiares.

Página 35: Nichos iluminados en el Panteón San Miguel.

Página 36: Miembros de la Comparsa de la Iglesia de los Siete Príncipes, de la ciudad de Oaxaca.

Page 20: Daniel Vasquez Aragon honoring with music the soul of his mother, Francisca Vasquez, in the cemetery of Zaachila.

Page 22: Altar in the small chapel built in the cemetery of Matatlan.

Page 23:
Center: Variety of flowers used in the altars and in the cemeteries. The traditional ones are the *cempasuchitl* and rooster crest.
Lower: Craft indicative to the celebration.

Page 24: Zapoteca woman from the Central Valleys walks through the Tlacolula market carrying *cempasuchitl* flowers.

Page 26: Altar of the Martinez family, Teotitlan del Valle.

Page 27:
Top: Doña Juliana Martinez with her offering of bread to the dead, Teotitlan del Valle.
Lower: High school students participate in an altar contest.

Page 29: Altar built in one of the parks in the city of Oaxaca.

Page 30: Tombs decorated in the cemetery of Matatlan. On the tomb heads the family members create private little chapels with the photo of the deceased, flowers and candles.

Page 31: Altar in honor of doña Juana Ruiz de Blanco, Atzompa.

Pages 32 and 33: Night celebration on November 1, in the San Miguel cemetery of the city of Oaxaca.
Center: The Symphonic Orchestra plays classical music.

Left and right: In front of altars the tombs are illuminated with candles.

Page 34: A little boy of Teotitlan del Valle, hides among crosses and flowers and looks at his parents while they decorate the tombs of their families.

Page 35: Tombs illuminated in the San Miguel cemetery.

Page 36: Members of the Church of Seven Princes celebrate during the night of November 1.

Página 37:
Inferior: Altar levantado en el sitio que se venera el alma desconocida, en el Panteón San Miguel.
Superior: Varios niños sentados sobre una de la tumbas decoradas, el 2 de noviembre, en el cementerio de Zaachila.

Página 38: Tehuana, representante de la belleza de la mujer del Istmo de Tehuantepec.

Página 40: Ambas fotografías muestran el ritual que se lleva a cabo honrando la memoria de una *Xelaxhuáana* en Tehuantepec.

Página 42: Después de sus compras en el mercado de flores de Tehuantepec, esta señora se dirige a su hogar.

Página 43: Flores de la temporada y pan de muerto que son tradicionales en la celebración.
Inferior: Ama de casa de compras en el centro de Juchitán.

Página 44: Niña llevando flores a su casa en Juchitán.

Página 45:
Centro: Flores de la temporada.
Superior: Tumbas en el cementerio de Juchitán.
Inferior: Tehuana comprando flores.

Página 46: La puerta de una casa decorada con un arco de hojas de plátano, frutas y flores indica la presencia de un altar de Todos Santos Nuevo.

Página 47: Altar junto al kiosco del parque central en Juchitán.

Página 48: Roscas hechas con harina de trigo, plátanos, manzanas y *cempasúchitl* son parte de la decoración de un *biquie'*.

Página 49: *Biquie'* y altar de la región de Tehuantepec.

Página 50: Venta de flores en un triciclo.

Página 51: Vendedora de hamacas.

Página 52, 65, 77: *Biquie's.*

Página 53: Antonia López Sánchez con su hijo menor, junto al altar de Todos Santos Nuevo en honor a su esposo en Juchitán.

Página 54: Motocarro de Tehuantepec.

Página 55: Doña Feliciana Méndez García, vendedora de flores en el mercado de Tehuantepec.

Page 37:
Lower: Altar in the cemetery of San Miguel.

Top: Children sitting on a decorated tomb, on November 2, in the cemetery of Zaachila.

Page 38: Tehuana representing the beauty of the women of the Isthmus of Tehuantepec.

Page 40: Both photographs show the ritual of honoring the memory of a *Xelaxhuaana* in Tehuantepec.

Page 42: After doing her shopping at the flower market in Tehuantepec, this Tehuana woman walks to her home.

Page 43: Flowers of the season and bread of the dead that are traditionaly used in the celebration.
Lower: House wife doing her shopping in the downtown area of Juchitan.

Page 44: Girl carrying flowers to her home.

Page 45:
Center: Flowers of the season.
Top: Tombs in the cemetery of Juchitan.
Lower: Tehuana woman buying flowers.

Page 46: The doors of a house decorated with platain leaves, fruits and flowers indicate a Todos Santos Nuevo Altar.

Page 47: Altar next to the kiosco in the downtown park of Juchitan.

Page 48: Bread, platains, apples and *cempasuchitl* are part of the decoration of a *biquie*.

Page 49: *Biquie* and altar of the region of Tehuantepec.

Page 50: Selling flowers in a little car.

Page 51: Hammock seller.

Pages 52, 65 and 77: *Biquies.*

Page 53: Antonia Lopez Sanchez with her small son, next to the Todos Santos Nuevo altar, honoring her husband, Juchitan.

Page 54: Motorcar of Tehuantepec.

Page 55: Doña Feliciana Mendez Garcia, selling flowers in the market of Tehuantepec.

Page 56: Selling quesadillas made of corn, in the market of Tehuantepec.

Página 56: Vendedora de quesadillas de elote, en el mercado de Tehuantepec.

Página 57: Altar en forma piramidal, tradicional del Istmo de Tehuantepec.

Página 58:
Superior izquierda: Decorando una tumba en el cementerio de Salina Cruz.
Inferior izquierda: Vendedora de flores en Tehuantepec.

Página 58 y 59: Altar-*Biquie'* de Todos Santos Nuevo a la izquierda del altar mayor de la iglesia de Juchitán.

Página 60: Acomodando las veladoras para colocarlas al pie del altar de Todos Santos Nuevo.

Página 61: Altar en honor de Julio César Valdivieso.

Página 62: Un miembro de la familia Santos sirve el pozole preparado para atender a las personas que los acompañan, la noche de la puesta del altar de Todos Santos Nuevo.

Página 63: Bendición del altar en casa del señor Antonio Santos, en Tehuantepec.

Página 66: Tumbas adornadas en el cementerio de Salina Cruz.

Página 67: Una pareja de esposos decoran las tumbas de sus familiares en el panteón de Dolores de Tehuantepec.

Página 68: Un *Xhuáana* se acerca a la fotografía de la *Xelaxhuáana* puesta en el altar de Todos Santos Nuevo, Tehuantepec.

Página 70: Las *Xelaxhuáanas* rinden homenaje a su compañera fallecida.

Página 71: Músicos en el cementerio de Salina Cruz.

Páginas 72 y 73:
Centro: Varias señoras abandonan el cementerio de Juchitán después de asistir a un funeral.
Superior izquierda: Doña Bertha Venegas decora las tumbas de sus familiares en el cementerio de Dolores, Tehuantepec.
Inferior izquierda: Altar colocado dentro de una pequeña capilla en el cementerio de Juchitán.
Superior derecha: Mausoleo que alberga los restos de doña Juana C. Romero y de varios miembros de su familia, en el cementerio El Refugio, Tehuantepec.

Page 57: Altar in the form of a pyramid, traditional in the Isthmus of Tehuantepec.

Page 58: *Top left:* Decorating a tomb in the cemetery of Salina Cruz.
Lower left: Flower seller in Tehuantepec.

Pages 58 and 59: Altar-*Biquie* on the left side of the main altar of a church in Juchitan.

Page 60: Putting candles in the candle holders for a Todos Santos Nuevo altar.

Page 61: Altar honoring Julio Cesar Valdivieso.

Page 62: A member of the Santos family serving pozole to the people who participate putting up the Todos Santos Nuevo altar.

Page 63: Blessing the altar in the house of Antonio Santos, in Tehuantepec.

Page 66: Tombs decorated in the cemetery of Salina Cruz.

Page 67: Husband and wife decorate the tombs of their family members in the cemetery of Dolores in Tehuantepec.

Page 68: A *Xhuaana* honors the memory of a *Xelaxhuaana* in Tehuantepec.

Page 70: The *Xelaxhuaanas* honor the memory of one of them.

Page 71: Musicians playing in the cemetery of Salina Cruz.

Pages 72 and 73:
Center: Several women leave the cemetery of Juchitan, after a funeral.
Top left: Doña Bertha Venegas decorates the tombs of her family in the cemetery of Dolores in Tehuantepec.
Lower left: Altar inside of little chapel in the cemetery of Juchitan. Top right: Mausoleum that is the burial site of doña Juana C. Romero of several members of her family, in the cemetery El Refugio in Tehuantepec.

Page 74: Two men pray in front of an altar in the cemetery El Refugio in Tehuantepec.

Page 75: Altar in form of a pyramid, are traditional in Tehuantepec.

La Oferta
REVIEW

A National Award Winning
Multicultural Bilingual Newspaper

Promovemos y somos guardianes de nuestras raíces culturales.
We celebrate and promote our cultural roots.

Phone: (408) 436-7850 • Fax: (408) 436-7861 • E-mail: laoferta@bayarea.net
http://www.laoferta.com • 1376 North Fourth Street, San Jose, CA 95112